내 마음도 몰라주는 당신, 이유는 내 행동에 있다

내 마음도 몰라주는 당신, 이유는 내 행동에 있다

사회심리학자의 상담실

전우영 지음

21세기북스

들어가며

내 마음 몰라주는 사람들과
세상으로부터 상처받은 당신에게

우리가 사람들과 세상으로부터 받는 마음의 상처는 대부분 우리의 마음을 상대가 볼 수 없다는 사실을 인정하지 못할 때 발생한다. "다른 것은 다 필요 없으니, 내 마음만 알아 달라"고 했는데도, 우리의 마음을 몰라주면 서운한 마음이 들 수밖에 없다. 그리고 이러한 일이 쌓이고 쌓이면 마음의 상처는 깊어진다.

하지만 안타깝게도 마음은 심리학자도 볼 수 없다. 마음은 보이지 않는 것이기 때문이다. 사람들과 세상이 볼 수 있는 것은 우리의 행동밖에 없다. 당신을 열렬히 사랑하는 사람도 당신의 마음을 볼 수 없기는 마찬가지다. 전적으로 당신 편에 서서 당신을 이해하려고 마음을 다잡은 사람에게도 당신의 마음은 보이지 않는다. 사랑하는 두 사람이 아무리 물리적으로 가까이 있다고 하더라도 서로의 마음을 볼 수는 없다.

나에게 가장 소중한 사람이 내 마음을 이해하지 못한다는 사실은 우리를 외롭게 만든다. 그래서 우리는 소중한 사랑이 바로 옆에 있음에도 내 마음을 온전히 알아줄 것만 같은 누군가가 늘 그리운 것이다. 나에게 푹 빠졌다는 사람이 바로 곁에 있어도 내 마음이 외로운 이유가 여기에 있다.

사람들과 세상이 당신의 마음을 헤아리기 위해서 할 수 있는 일이라고는 단지 당신의 행동을 보고, 당신이 어떤 마음을 가졌는지 추측하는 것밖에 없다. 따라서 만약 당신이 당신의 마음을 행동으로 드러내지 않았다면, 사람들과 세상이 당신의 마음을 몰라주는 것은 어쩌면 너무나 당연한 것인지도 모른다.

지금 만약 내 마음 몰라주는 '사람' 때문에 상처받고 있다면, 그 이유는 먼저 내 '행동'에서 찾아야 한다. 만약 내 마음 몰라주는 '세상' 때문에 힘겨워하고 있다면, 그 이유도 내 '행동'에서부터 찾아야 한다. 따라서 사람들과 세상이 당신의 마음을 몰라줄 때 가장 먼저 해야 할 일은 상대가 당신의 마음을 정확하게 파악할 수 있도록 분명하고 구체적인 행동을 하는 것이다.

물론 당신이 마음을 드러내는 행동을 한다고 해서 사람들과 세상이 당신의 마음을 반드시 받아들여 줄 것이라는 보장은 없다. 하지만 분명한 것은 우리가 행동하지 않으면, 상대는 우리가 어떤 마음을 가졌는지 알 수 없고, 이 상태에서는 우리의 마음을 받아들이는 것 자체가 불가능해진다는 것이다.

구차하게 이런 것까지 알려줘야 하느냐면서 우리의 마음을 몰라주는 사람들과 세상에 화를 내기도 한다. 하지만 분명한 것은 상대가 우리의 마음을 정확하게 추론할 수 있도록 제대로 된 행동이라는 정보를 제공해야 할 책임은 상대방에게 있는 것이 아니라, 그 사람들과 세상이 내 마음을 알아주기를 원하는 우리에게 있다는 것이다.

사람들과 세상이 우리의 마음을 알 수 있도록 행동을 보여주는 것은 중요하다. 하지만 더 중요한 것은 보이지 않는 당신의 마음을 알아가는 것은 당신을 진심을 사랑하고 있는 사람에게도 매우 어렵고 많은 시간이 필요한 과제라는 사실을 인정하는 것이다. 진정한 소통은 내 마음을 헤아린다는 것이 상대에게는 무척이나 힘든 일이라는 사실을 받아들이는 것에서 시작한다.

이 책은 "내 마음도 몰라주는 당신" 때문에 쉽게 상처받고, "내 마음도 몰라주는 세상" 때문에 좌절하고 마는 우리의 마음을 단단하게 만들어줄 사회심리학의 지혜를 독자들에게 한 편의 이야기를 건네듯이 펼쳐보이고자 노력한 결과물이다. 사회적 존재로 살아가는 우리의 마음과 행동에 관해 연구하는 학문인 사회심리학의 통찰이 부디 독자들에게 우리 자신과 우리 사회의 마음이 움직이는 길을 보여줄 수 있기를 기대한다. 많은 분들이 이 마음의 길을 통해 상처의 원천이었던 사람들과 세상을 향해 다가가, "내 마음 알아주는 당신" 덕분에 가슴 설레고, "내 마음 알아주는 세상" 덕분에 가슴 뿌듯해지는 새로운 일상을 경험하게 되길 소망해본다.

차례

들어가며
내 마음 몰라주는 사람들과 세상으로부터 상처받은 당신에게 _4

1부 / 내 마음도 몰라주는 당신

1장 행동, 일도 사랑도 절실함이 가능성이다 _13
01 내 마음도 몰라주는 당신, 이유는 내 '행동'에 있다
02 절실함이 당신의 가능성이다
03 우리가 지금 당장 만나야 하는 이유
04 몸에 난 상처보다 마음속 상처가 오래가는 이유
05 행복의 다른 쪽 문을 보는 방법

2장 신뢰, 기대를 저버려 믿음을 얻다 _49
01 당신의 심리적 신용등급은 얼마입니까?
02 시선을 사로잡는 존재감, 마음을 사로잡는 존재감
03 기대를 저버려 신뢰를 얻은 사람들
04 "직접 말하기도 그렇고" 하니 더 잘 믿어주는 사람들
05 '형사 콜롬보'보다 트렌치코트가 더 믿음직스러운 이유
06 작전명, '믿음'

3장 사랑, 지독한 사랑에는 유통기한이 있다 _93
01 운명적인 사랑과 운명적이라고 믿는 사랑
02 조폭이나 첫사랑이나 가슴을 뛰게 하는 것은 마찬가지
03 궁합이 잘 맞는다는 증거
04 질투심 경보기의 작동원리
05 사랑을 확인하기 위해 쓰면 안 되는 방법

2부 / 내 마음도 몰라주는 세상

4장 차별, 18분 만에 결정되는 인생 _131
01 경기 시작 18분 만에 결정되는 승부
02 '한국형 디알로' 죽이기
03 특채보다 면접이 더 문제다
04 "다 정부가 잘못해서 그런 거야!"
05 '묻지 마' 살인사건이 늘어나는 이유

5장 경쟁, 정신적 맷집을 키우는 방법 _169
01 '다수'라는 명찰을 달기 위해 인생을 낭비하는 사람들
02 '두 얼굴의 사나이'를 만드는 세상
03 정신적 맷집을 키우는 방법
04 마음도 정기 검진이 필요하다
05 경쟁의 목표를 '행복'으로 정하자
06 위대한 '경쟁'의 탄생

6장 소통, 감수왕과 페레스 총리에게 배우다 _215
01 재앙을 부르는 자기 합리화 교육
02 뿌리 깊은 나무, 괴물 만드는 사회에 말하다
03 때리고 부숴야 통한다는 '소통 바보'들
04 감수왕의 공감 리더십
05 페레스 총리의 복종

참고문헌 _246

1부

내 마음도
몰라주는

당
신

1장_ 행동, 일도 사랑도 절실함이 가능성이다
2장_ 신뢰, 기대를 저버려 믿음을 얻다
3장_ 사랑, 지독한 사랑에는 유통기한이 있다

1장

행동,
일도 사랑도
절실함이
가능성이다

01

내 마음도 몰라주는 당신,
이유는 내 '행동'에 있다

심리학에 대한 정의는 학자마다 조금씩 다르다. 하지만 거의 모든 심리학자가 심리학을 정의할 때 공통으로 사용하는 세 개의 단어가 있다. 인간, 행동, 과학이 바로 그것이다. 이 세 개의 단어를 문장으로 엮으면, 심리학은 인간의 행동을 과학적으로 연구하는 학문이라고 정의할 수 있다.

이러한 정의에 관해 이야기할 때마다 받는 질문 가운데 하나는 왜 마음이라는 단어가 빠졌는가 하는 것이다. 심리학의 심(心)자가 마음이라는 것인데, 마음을 연구한다고 하지 않고 행동을 연구한다고 하니 조금 수상하다는 것이다. 물론, 심리학이 사람의 마음의 이치를 연구하는 학문임은 틀림없다. 문제는 사람의 마음을 눈으로 들여다볼 수 없다는 것에 있다. 따라서 심리학의 선구자들은 인간의 행동에 주목했다. 특히, 심리학을 과학으로 만들었다고 평가받는 행동주의 심리학자들은 심리학이 과학이 되기 위해서는 관찰할 수 없고 측정할 수 없는 마음 대신 관찰과 측정이 가능한 인간의 행동을 연구의 대상으로 삼아야 한다고 주장했다. 행동주의 이후로 심리학은 인간 행동을 연구하는 전통을 확립했는데, 이것이 심리학이 사람의 마음에 관심이 없다는 것을 의미하는 것은 아니다. 오히려 행동을 연구 대상으로 삼은 궁극적 목표가 인간의 마음을 과학적인 방법으로 연구하자는 데 있는 것이다.

행동을 통해서 사람의 마음을 측정하는 것은 행동주의 심리학자들만의 전유물이 아니다. 우리가 타인의 진심이 무엇인지 판단하고자 할 때 거의 자동적으로 채택하는 방법은 타인이 지금까지 어떤 행동을 했는지 따져보는 것이다. 그가 했던 말보다는 행동이 그의 진심을 추론하는 데 사용할 수 있는 더 타당한 자료이기 때문이다.

대한민국 드라마 역사상 가장 멋진 캐릭터 중의 하나는 〈모래시계〉에 등장하는 재희이다. 배우 이정재가 연기한 재희는 한 명의 여인(고현정)을 지키는 경호원이다. 그는 검은색 양복을 입고 목검 하나만으로 그녀를 지켜낸다. 그리고 그녀를 위해 자신의 죽음이 기다리고 있는 곳을 향해 달려간다. 재희라는 캐릭터가 멋진 이유 가운데 하나는 그의 침묵에 있었다. 당시 신인이었던 배우 이정재의 대사 처리 능력이 미흡한 탓에 원래 대본에 있던 대사를 대폭 줄이는 바람에 침묵의 캐릭터가 완성되었다는 설이 있었다. 하여튼, 재희는 자신이 가지고 있는 상대에 대한 감정을 언어를 통해서 표현하지 않는다. 단지, 그녀가 위기에 닥쳤을 때마다, 자신의 안위에 대한 고려 없이, 죽음을 무릅쓰고 달려가 여인을 구할 뿐이다. 여기서 궁금해지는 것은 재희가 고현정을 사랑한다고 말 한마디 한 적이 없는데, 어떻게 시청자들은 재희가 그녀를 사랑한다고 굳게 믿게 되었을까 하는 것이다. 이 의문에 대한 답을 찾는 것은 어렵지 않다. 재희의 사랑이 여성뿐만 아니라 남성 시청자들까지도 눈물을 흘리게 했던 것은 그가 여인을 향한 자신의 사랑을 언어적으로 표현하지 않고 침묵으로 일관했지만, 우리는 그의 행동을 통해 그가 가지고 있던 애정의 정도를 아주 쉽게 추론할 수 있었기 때문이다. 즉, 재희는 언어적으로 드러내지 않았을 뿐, 행동을 통해서 자신의 감정을 분명하게 전달한 것이다.

사람들은 일상적으로 그리고 무의식적으로 타인의 행동을 통해 그 사람이 가지고 있는 마음을 추론하는 경향이 있다. 당신을 사랑한다고 말하는 두 명의 사람이 있다고 하자. 당신은 두 사람 중에서 당신을 더 사랑하는 사람과 결혼하고 싶다. 과연 누가 당신을 더 사랑하는 것일까? 이 경우에도 당신은 두 사람의 사랑의 강도를 비교하기 위해서 두 사람의 마음속으로 들어갈 수 없다. 따라서 두 사람이 지금까지 당신에게 보여주었던 다양한 행동들을 머릿속에 떠올리고 비교하기 시작할 것이다. 누가 더 자주 당신에게 문자를 보냈는지, 약속 시간에 당신이 늦게 나갔을 때 누가 더 오랫동안 기다려주었는지, 기념일을 잊지 않고 꼬박꼬박 챙겼던 사람은 누구인지 등과 같은 두 사람의 행동을 비교할 수 있는 질문들이 당신의 마음속에 떠오를 것이다. 당신도 행동을 통해 타인의 마음을 측정하는 행동주의 심리학의 방법론을 당신의 의사 결정을 위해 사용하는 데 이미 익숙한 것이다.

심지어 사람들은 자기 자신의 마음도 자신의 행동을 통해 추론하기도 한다. 예를 들어, 연락도 없이 약속 시간에 나타나지 않는 그(녀)를 몇 시간씩 기다리고 있는 자신의 모습을 보면서 자신의 그(녀)를 향한 사랑의 감정이 얼마나 강한지를 추론하기도 한다. 그런데 흥미로운 것은 사람들은 상대방의 행동을 토대로 상대방의 마음을 추론하고 자신의 마음도 자신의 행동을 토대로 추론하면서, 정작 상대방은 자신이 아무런 행동을 보여주지 않았을 때조차 자신의 마음을 미루어 짐작해주기를 바란다는 것이다.

2010년 8월 10일, 서울 동대문경찰서는 S씨를 살인 혐의로 검거했다. S씨는 속칭 '청량리 588'로 불리는 성매매업소 집결지에서 성매매 여성인 P씨를 살해한 혐의를 인정했다고 한다. S씨는 "약 2년 동안 물심양면으로 지원했는데 (P씨가) 내 마음을 몰라주는 것에 화가 났고, 성매매업소에서 일하는 것도 더는 참을 수 없었다"라고 했다.

대부분은 살인까지 이르게 되지는 않지만, 내 마음을 몰라주는 상대방이 우리를 힘들게 만드는 것만은 분명하다. 특히, 그 상대방이 나에게 중요한 사람일수록 내 마음을 몰라주는 상대방을 이해하기 힘들고, 그럴수록 상대방에 대한 서운함과 원망의 강도도 커지게 마련이다. 내 마음을 몰라주는 애인·남편·아내·자식·부모·상사·부하·동료로 넘쳐나는 세상을 살아간다는 것은 답답함과 좌절의 연속일 수밖에 없다.

분명한 사실은 물리적으로 아무리 가까이 있어도 상대방은 우리의 마음을 볼 수 없다는 것이다. 상대방이 눈으로 보고 관찰할 수 있는 것은 우리의 행동뿐이다. 따라서 상대방이 내 마음을 몰라주는 가장 기본적인 이유는 내 행동에서 찾아야 한다.

상대방이 자신의 마음을 알아주기를 원한다면 자신의 마음이 담긴 행동을 하는 수밖에 없다. 행동하더라도 상대방이 나의 행동을 보지 못하거나, 또는 그 행동을 한 사람이 당신이라는 사실을 모른다면 아무 소용이 없다. 사랑의 연서를 직접 쓴 사람이 사랑을 얻는 것이 아니고, 그 편지에 서명을 한 사람이 사랑을 얻게 되는 것이다. 또한 행동하더라도 상대방의 입장에서는 나의 마음이 무엇인지에 대해 확신을 하기에는 내 행동이 애매하거나 충분히 강하지 않았

을 수도 있다. 자신은 물심양면으로 지원했지만 상대방에게는 그 행동만으로는 어떤 결론을 내리기에 충분하지 않았을 수도 있다. 상대방에게 확신을 주기 위해서는, 행동이 일관성이 있어야 하고 지속적이어야 한다. 이 정도로 행동했는데도 내 마음을 몰라준다는 생각 때문에 행동을 중단하는 순간 상대방은 바로 지금까지 내가 한 행동의 순수성을 의심할 것이다.

상대방이 자신의 마음을 알아주도록 행동하는 것은 중요하다. 하지만 더 중요한 것은 들여다볼 수 없는 나의 마음을 이해하는 것이 상대방에게는 매우 어렵다는 사실을 인정하고 받아들이는 것이다. 기본적으로 보이지 않는 마음을 헤아린다는 것은 당신을 진심으로 사랑하는 사람에게조차도 매우 어려운 과제이기 때문이다.

02

절실함이
당신의 가능성이다

"아깝다, 이 카드."

가수 보아가 카드 한 장을 들고 잠깐 아쉬운 표정을 지었다. 바로 이때 무대 위의 한 소녀가 손을 들었다.

"너무 아쉬울 것 같아서요…… 노래 한 번 하고…… 다시 한 번 생각을……."

K팝의 3대 기획사가 참여한 SBS의 오디션 프로그램 〈서바이벌 오디션, K팝 스타〉의 추가 캐스팅 현장에서 벌어진 일이다. YG의 양현석, JYP의 박진영, 그리고 SM의 보아가 심사위원을 맡아서 진행하는 이 프로그램에서 각 기획사에는 여섯 명을 뽑을 수 있는 캐스팅카드가 주어졌다. 이날은 탈락자들을 대상으로 추가 캐스팅이

이루어지고 있었다. 박진영은 이미 여섯 명을 다 뽑았기 때문에 남은 카드가 한 장도 없었다. 하지만 양현석은 2장, 보아는 1장의 카드가 남았기 때문에 추가로 세 명을 더 캐스팅할 수 있는 상황이었다.

SM의 보아가 캐스팅 카드를 쓸 차례였다. 무대에는 약 스무 명 정도의 지원자들이 모두 보아의 손에 있는 1장의 카드가 자신에게 주어지기를 고대하고 있었다. 그런데 갑자기 보아가 예상 밖의 말을 했다. "제가 마지막 이 카드를 쓰려고 했어요. 그런데 억지로 쓰지는 않을게요. SM에서는 6장의 카드 중에서 이 한 장을 포기하겠습니다." 3장의 카드 중에서 1장의 가능성이 그대로 허공에서 사라져버리는 순간이었다.

최종적으로 양현석이 두 명을 추가로 캐스팅하면서 프로그램은 마무리되는 듯했다. "오늘 마감하겠습니다. 고생들 많이 하셨습니다." 탈락이 확정되자 지원자들도 손뼉을 치면서 심사위원들에게 마지막 묵례를 건넸다. 제작진도 정리를 시작했다. "합격자들은 자기 방으로 가주시고요." 이 순간 갑자기 이정미라는 지원자가 뒷줄에서 오른손을 번쩍 든 것이다. 갑작스러운 행동에 잠시 의아해하던 심사위원들은 이정미에게 다시 한 번 노래를 부를 기회를 줬다. 노래는 절실해 보였지만, 박진영의 평에 따르면, 지금까지 불렀던 것 중에 "최악이었다".

그럼에도 보아는 자신이 가지고 있던 마지막 카드를 이정미에게 줬다. "모든 사람이 내려가려고 하는 순간에, 손을 들고 나와서 노래를 했다는 게, 그런 정신이 필요한 거예요. 서바이벌이잖아요. (이정미 양) 지금 손들고 나온 이 순간을 잊지 마세요." 박진영도 거들었다. 심사하면서 아쉬웠던 것은 재능은 있는데 절실함이 없는 친구들이 너무 많이 보였다는 것이라고 했다. "(떨어지는 순간에도) 마음이 되게 편했던 사람들, 정미 양이 손들고 이 카드를 쟁취해가는 걸 꼭 기억했으면 좋겠어요."

노래가 아닌 절실함이 심사위원들의 마음을 움직인 것이다. K팝 스타를 뽑는 오디션에서 노래실력이 아닌 간절한 마음에 심사위원들이 주목한 이유는 무엇일까?

간절함은 행동을 만들어낸다. 무언가를 간절히 원하는 사람은 이를 얻기 위해 행동할 가능성이 높아진다. 심사위원들이 끝났다고 이미 선언했고, 함께 떨어지는 스무 명의 친구들이 무대를 내려가려 할 때, 손을 번쩍 들어 한 번 더 기회를 달라고 말하게 만드는 것이다. 간절함이 만들어내는 것은 손을 드는 행동만이 아니다. 간절함은 우리를 그 간절함을 만들어낸 이유를 향해 더 힘차고 성실하게 나아가게 만든다. 목표를 향한 여정에서 결국 만나게 되는 역경을 끝내 극복하게 만드는 힘 또한 절실함이다. K팝 스타의 심사위원들은, 연습생들에 대한 자신들의 경험을 토대로, 절실함이 있는 사람은 끝내는 자신의 현재를 극복하고 살아남는다는 것을 잘 알고 있었

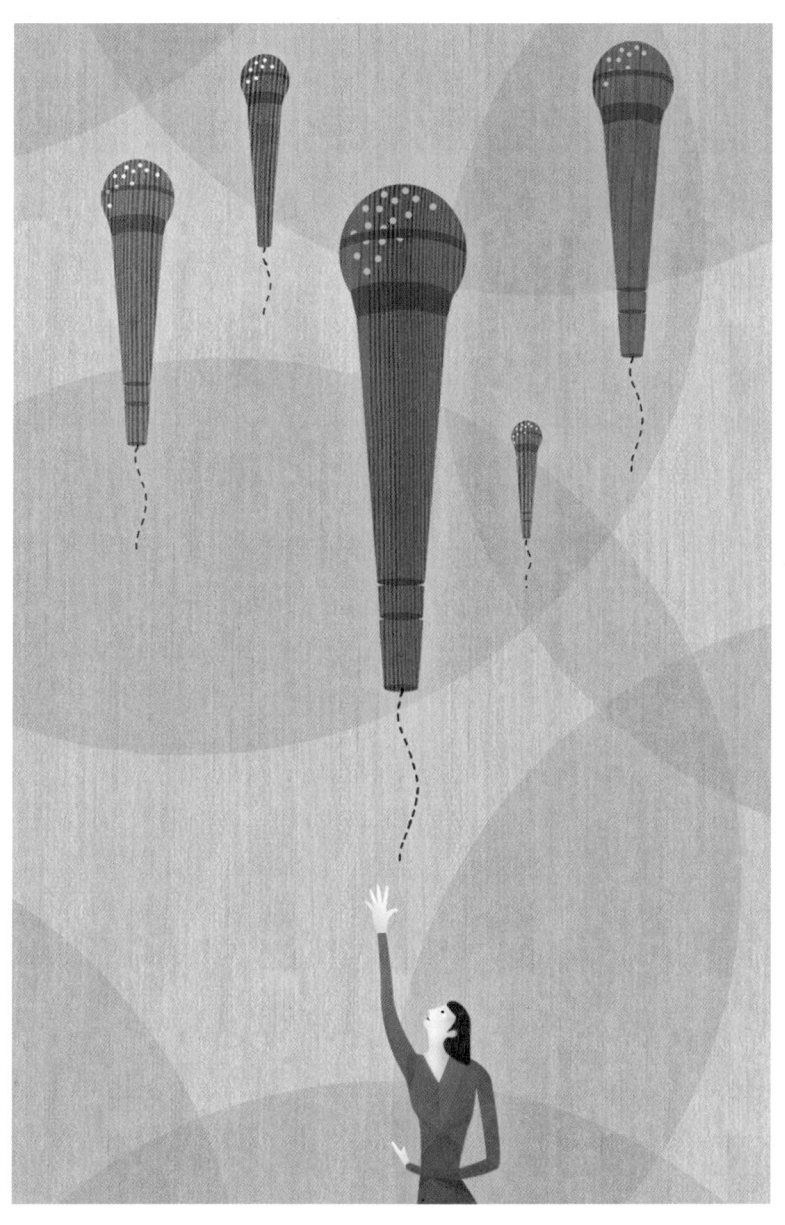

는지도 모른다.

절실함만으로 세상이 우리의 마음을 받아주지는 않는다. 하지만 미래의 가능성은 우리를 행동하게 하는 절실함에서 오는 것이다. 보아는 이렇게 말했다. "절실함이 있기 때문에 저는 이정미 양의 큰 가능성을 기대해요."

일도 사랑도 절실함이 가능성이다.

03
우리가 지금 당장 만나야 하는 이유

'ㅋㅋㅋ' 사건

2010년 9월 말쯤, 서울에 있는 대학의 한 남학생이 동아리 웹사이트에 자궁경부암 백신의 효과를 의심하는 글을 올렸다. 이 글에 대해 후배 여학생이 '그래도 접종하는 것이 좋다고 생각한다'라는 내용의 일종의 반박성 댓글을 달았는데, 글의 마지막에 'ㅋㅋㅋ'를 덧붙였다고 한다.

문제는 이 남학생에게 여자 후배의 'ㅋㅋㅋ'가 자신을 비웃는 것처럼 느껴졌다는 것이다. 남학생은 이 후배에게 '비웃는 것처럼 느껴진다. 예의가 없다'라고 화를 냈다고 한다. 사태는 여기에서 끝나지 않았다. 여학생이 다른 인터넷 게시판에서 이 문제를 거론했고, 이

글을 본 다른 남자 선배가 '버릇없다'라고 댓글을 달면서 이 여학생의 실명을 추정할 수 있는 정보를 남겼다고 한다. 여학생은 개인 정보 유출에 대해 항의했지만 선배는 그의 몸을 밀치면서 폭행했다고 한다. 그리고 '싫으면 동아리를 탈퇴해라' '원래 성격이 나빴다'라며 집단으로 괴롭히기 시작했다는 것이다.

'ㅋㅋㅋ' 사건의 시작은 'ㅋㅋㅋ'를 어떻게 해석할 것인가에서 출발한다. 남자 선배들은 'ㅋㅋㅋ'가 비웃음이라고 해석했다. 정말로 여학생은 노골적으로 비웃음을 드러내기 위해서 댓글의 끝에 'ㅋㅋㅋ'를 붙였을까? 혹시, 자신이 무언가 반론을 펴고 난 다음에 생기는 어색함을 줄이기 위한 웃음을 표현한 것은 아니었을까?

문제는 같은 'ㅋㅋㅋ'의 진정한 의미를 해석하는 것이 생각보다 쉽지 않다는 것이다. 그리고 더 큰 문제는 'ㅋㅋㅋ'에 대한 해석이 사람에 따라 크게 다를 수 있다는 것이다. 그 결과, 'ㅋㅋㅋ'를 쓴 사람이 전달하고자 했던 의미와 'ㅋㅋㅋ'를 본 사람이 전달받은 의미가 완전히 달라질 수도 있다.

문자나 이메일과 같은 새로운 의사소통 수단이 등장하면서 의사소통의 속도는 매우 빨라졌지만, 오해와 미스 커뮤니케이션이 발생할 가능성도 그만큼 더 커진 것처럼 보인다. 얼굴을 마주 보고 대화를 했을 때는 아무런 문제가 없었던 일들이 문자나 이메일을 사용했을 때 오해를 유발하는 경우를 주위에서 종종 볼 수가 있다. 심지어 전화로는 아무 문제 없이 전달한 같은 내용의 메시지를 시간이 없어서 문자나 이메일로 다른 사람에게 전했다가 오해를 사는 경우가 발생하기도 한다. 도대체 문자나 이메일에 무슨 문제가 있는 것일까?

우리가 의사소통할 때 서로 주고받는 가장 기본적인 정보는 메시지의 내용이다. 즉, 어떤 이야기를 하느냐이다. 하지만 의사소통 과정에서 우리가 주고받는 정보에는 메시지의 내용만 포함된 것이 아니다. 사람들은 대화하는 과정에서 다양한 경로를 통해서 비언어적인 단서를 제공한다. 표정, 몸짓, 목소리의 크기와 톤, 말투, 시선 등과 같은 다양한 경로를 통해 의미를 전달하는 것이다.

이렇게 다수의 경로를 통해 비언어적 단서를 전달하는 이유는 상대방이 어떤 하나의 단서의 의미를 놓쳐도 다음 단서를 이용해서 자신이 전하고자 하는 메시지의 진정한 의미를 파악할 수 있도록 하기 위한 것이다. 즉, 사람들은 메시지의 의미를 좀 더 명확하게 전달하기 위해서 상대방에게 다양한 비언어적인 정보를 동시에 제공하는 것이다.

똑같은 내용이 담긴 말을 하더라도 어떤 표정과 정서가 그 말에 수반되느냐에 따라서 실제로 전달하고자 하는 의미가 달라질 수 있기 때문이다. "알았어!"라는 말이 미소와 함께 전달될 때와 냉정한 눈빛과 함께 전달될 때 의미하는 것은 완전히 다른 것이다.

문제는 문자나 이메일을 사용할 경우에는 면대면 대화나 전화 통화에서 주고받을 수 있는 다양한 비언어적 단서들이 제거된 상태의 매우 건조한 메시지의 내용만이 상대방에게 전달된다는 것이다. 따라서 메시지의 내용 자체를 전달하는 데는 문자나 이메일이 효과적인 수단이 될 수도 있다. 하지만 문제는 문자나 이메일에는 전달자의 의도와 다른 방식으로 해석되지 못하게 할 수 있는 비언어적 단서들이 포함되어 있지 않다는 것이다. 그 결과, 같은 내용의 메시지가 전달자의 의도와 다르게 해석될 가능성이 면대면 대화나 전화 통화보다 훨씬 커지게 되는 것이다.

더 큰 문제는 문자나 이메일 사용자들이 자신이 전달한 메시지가 잘못 해석될 가능성에 대해 과소평가하는 경향이 있다는 것이다. 저스틴 크루거(Justin Kruger) 등의 연구에서는 대학생들에게 몇 가지 주제를 주고, 주제별로 빈정거림, 슬픔, 화 그리고 진지함이 전달될 수 있는 메시지를 만들도록 했다. 그리고 이 메시지를 다른 사람에게 전달하도록 했다. 전달 방법으로는 얼굴을 직접 보고 말하는 것, 목소리만 녹음해서 들려주는 것, 그리고 이메일을 보내는 것을 사용했다.

메시지를 전달하기 전에, 학생들에게 자신이 얼마나 정확하게 자신의 정서를 상대방에게 전달할 수 있을지 예상해보도록 했다. 학생들은 자신이 어떤 수단을 사용하느냐와는 무관하게 거의 정확하게 자신의 정서를 상대방에게 전달할 수 있다고 예상했다. 즉, 면대면, 목소리 그리고 이메일 중 어떤 방식으로 메시지를 전달하든 간에 자신은 상대방과 성공적으로 의사소통할 수 있다고 믿고 있었던 것이다. 하지만 메시지 수신자들이 실제로 경험한 것은 크게 달랐다. 수신자들이 실제로 전달자가 메시지를 통해 전달하고자 했던 정서를 발견하는 확률은, 메시지 전달 수단과는 무관하게, 전달자가 예상한 것보다 훨씬 떨어지는 것으로 나타났다.

특히, 면대면과 목소리를 이용해서 메시지를 전달했던 경우에 비해 이메일을 사용한 경우에는 전달자가 의도했던 정서를 파악하는 것이 상당히 어려운 것으로 나타났다. 심지어는 이메일 작성자와 친한 친구조차도 이메일 작성자의 의도를 제대로 파악하지 못하는 것으로 나타났다. 비언어적인 단서가 배제된 메시지의 내용만을 토대로 작성자의 진정한 의도를 파악하는 것은 작성자를 잘 알고 있는 사람에게도 매우 어려운 과제였던 것이다. 즉, 크루거 등의 연구에 참여한 사람들은 자신이 작성한 이메일을 통해서 상대방에게 자신이 의도한 느낌이 잘 전달될 수 있다고 강하게 확신했지만, 실제로 그 이메일을 수신한 사람들은, 친한 친구조차도, 이메일의 내용만을 토대로 이메일 작성자가 진정으로 의도하는 바가 무엇이었는지 파악하는 데 큰 어려움을 겪었던 것이다.

이러한 결과는 문자나 이메일을 통한 의사소통이 미스 커뮤니케이션과 오해를 불러일으킬 가능성이 매우 크다는 것을 보여준다.

　문자나 이메일 작성자는 문자나 이메일(의 글)만으로도 충분히 의사소통할 수 있다고 착각하는 경향이 있다. 왜냐하면 문자나 이메일의 내용이 의미하는 바가 분명해 보이기 때문이다. 문제는 문자나 이메일의 내용이 자신에게만 분명해 보인다는 것이다.

　문자나 이메일은 우리로 하여금 면대면 대화와 같은 전통적인 의사소통 수단이 가지고 있는 시간적, 그리고 공간적 한계를 뛰어넘을 수 있게 해준다는 분명한 장점을 가지고 있다. 하지만 비언어적인 단서가 존재하지 않기 때문에 메시지 전달자가 의도했던 의미가 제대로 전달되지 않고, 심지어 메시지 수신자가 완전히 다른 방식으로 메시지의 의미를 해석할 가능성도 높아진 것이다. 그 결과, 'ㅋㅋㅋ' 사건에서와 같은 인간관계의 문제를 일으킬 수도 있다.

많은 사람이 문자나 이메일은 사무적인 용도로 사용하고 오해의 소지가 있는 주제는 직접 만나서 이야기하는 것이 효과적이라는 사실을 이미 알고 있다. 하지만 문자나 이메일을 사용하는 것이 습관화되면, 자신도 모르는 사이에, 민감한 사안인 경우에도 문자나 이메일에만 매달리는 경우가 있다. 오해가 발생할 수도 있는 사안이라고 판단했음에도 불구하고, 대화를 시도하기보다는 문자나 이메일을 정교하게 쓰려고 노력하는 것이다.

　장황하고 길게 쓰인 문자나 이메일 대부분은 문자나 이메일 작성자가 수신자의 오해를 막고 자신의 의도를 분명히 하기 위해서 노력한 흔적 때문인 경우가 많다. 하지만 안타깝게도 아무리 길고 구체적인 문자나 이메일에도 비언어적인 단서는 배제되어 있고, 그 결과 오해와 미스 커뮤니케이션의 가능성은 여전히 높은 것이다.

　'대화가 필요해'라는 개그 프로그램이 있었는데, 우리 주위에는 문자나 이메일이 아니라 얼굴을 마주 보고 하는 전통적인 대화가 필요한 일들이 생각보다 많다. 말 한마디로 천 냥 빚을 갚을 수 있다고 하는데, 문자나 이메일로 천 냥 빚을 갚기는 쉽지 않다. 최악의 경우에는 문자나 이메일에만 집착하다가 천 냥 빚을 지게 될지도 모르는 일이다.

　만약 오해의 소지가 있는 주제라면 문자나 이메일을 명확하게 쓰려고 노력하기보다는 수화기를 드는 것이 좋다. 시간이 허락한다면 직접 만나서 이야기하는 것이 더 낫다. '리쌍'과 '장기하와 얼굴들'이 함께 부르는 노래 '우리 지금 만나'를 기억해두자.

    우리 지금 만나(만나)
    아 당장 만나(당장 만나)
    우리 지금 만나(만나)
    아 당장 만나(당장 만나)
    휴대전화 너머로 짓고 있을 너의 표정을 나는 몰라
    (몰라 몰라 나는 절대로 몰라) [하략]

04

몸에 난 상처보다 마음속 상처가 오래가는 이유

 2010년 12월 22일 새벽 5시쯤, 주택가 골목에서 등산 모자를 쓴 한 남자가 주변에 지나가는 사람이 없는지 두리번거리다가 어떤 집 앞으로 다가간다. 이 남자는 무언가를 내려놓고 유유히 사라진다. 놀랍게도 이 남자가 대문 앞에 놓고 간 것은 사람의 배설물이었다.
 주택가에 설치된 CCTV에 촬영된 이 남자는 25세의 장 아무개 씨였다. 그리고 그가 인분을 놓고 갔던 집은 장씨의 초등학교 여 동창생인 김 아무개 씨가 사는 곳이었다. 장씨의 주장을 따르면, 7년 전에 시내에서 걸어가다가 우연히 마주친 김씨가 자신에게 아무런 이유도 없이 '개○○'라고 욕을 했다고 한다. 이에 앙심을 품은 장씨는 2010년 9월부터 12월까지 4개월 동안 김씨를 위협했다. 새벽에 김씨의 집 거실 창문에 돌을 던져서 유리를 깨고, 붉은 글씨로 'SEX'라는 단어를 집 담벼락에 적어놓았다. 60여 차례에 걸쳐 새벽 3~5시쯤 공중전화로 김씨의 휴대전화에 전화한 뒤 아무 말 없이 수화기만 들고 있기도 하고, 대문 앞의 하수구 뚜껑을 열어 사람이 빠질 수 있게 만들어놓은 적도 있다. 집 대문과 직장 출입문을 자전거용 자물쇠로 밖에서 잠가놓는 방식으로 김씨와 가족들을 괴롭히기도 했다. 누가 왜 이런 짓을 자신들에게 하는지 몰랐던 김씨와 가족들은 모자 쓴 사람만 봐도 두려움을 느낄 정도로 상당한 정신적 피해를 받았던 것으로 드러났다. 2011년 1월 25일 장씨는 폭력 행위 등 처벌에 관한 법률 위반 혐의로 경찰에 구속되었다.

흥미로운 점은 이런 짓을 저지른 장씨가 어떤 정신 병력을 가지고 있었던 것도 아니고, 경찰의 수사 과정에서도 아무런 정신적 문제를 드러내지 않았다는 것이다. 또한 장씨와 김씨의 기억은 완전히 다른 것으로 나타났다. 김씨에 따르면, 자신은 CCTV에 나오는 장씨를 처음 보았을 때 누구인지도 잘 몰랐다고 한다. 사건이 진전되면서, 확인 과정을 통해 장씨가 자신의 초등학교 동창이라는 사실을 알게 되었을 뿐이라는 것이다. 더더구나 김씨에 따르면, 자신은 장씨에게 욕을 했던 적도 없다는 것이다. 과연 정신질환을 앓고 있지도 않은 사람이 상대방은 기억하지도 못하는 일 때문에 마음에 상처를 받고, 7년이 지나서까지 화가 풀리지 않아 상대방에게 복수를 하고 싶은 마음이 들 수 있을까?

몸에 난 상처보다는 마음에 난 상처가 더 오래가는 경우를 흔히 볼 수 있다. 몸에 난 상처는 시간이 지나면 딱지가 아물고 떨어지는 과정을 통해 치유된다. 하지만 마음에 입은 상처는 몸에 난 상처보다 잘 아물지 않고 더 오랜 시간 우리를 괴롭히는 경우가 많다. 왜 마음의 상처는 쉽게 아물지 않을까?

몸에 상처가 나면 우리는 그 상처가 잘 아물 때까지 상처를 다시 건드리지 않는다. 상처가 덧나지 않도록 잘 소독하고, 밴드나 거즈로 안전하게 감싸기도 한다. 잘못해서 상처를 건드렸다가는 상처가 덧나게 되고, 상처가 낫는 데까지 더 오랜 시간이 걸린다는 것을 우리는 잘 알고 있다.

마음의 상처도 몸의 상처와 다르지 않다. 상처를 다시 건드려 덧나게 하면, 상처를 치유하는 데 걸리는 시간은 길어진다. 하지만 문제는, 몸에 난 상처와는 달리 마음에 난 상처를 건드리지 않는 일이 무척 힘들다는 것이다. 왜냐하면 마음의 상처는 우리의 기억 속에 자리 잡고 있기 때문이다. 마음의 상처는 기억 속에 가라앉아 있다가 우리의 의지와는 무관하게 갑자기 의식 속으로 뛰쳐나온다.

자신이 상처 입었던 장면을 다시 생각하게 되는 것은 똑같은 상처를 다시 한 번 경험하는 것과 다르지 않다. 뒤끝이 없다고 하는 사람들조차도 자신의 마음에 상처를 주었던 사건과 사람을 단번에 잊을

수는 없다. 많은 경우에 사람들은 자신이 경험한 마음의 상처를 의식적으로든 무의식적으로든 되새김질하는 경우가 많다. 그리고 이러한 되새김질은 이미 난 상처 위에 다시 한 번 생채기를 내는 결과를 낳게 한다. 따라서 몸보다 마음의 상처가 더 오래가는 이유는 몸의 상처는 아물 때까지 다시 건드리지 않지만, 마음의 상처는 아물기도 전에 수도 없이 다시 되새김질하면서 상처를 덧내기 때문이다.

문제는 몸의 상처도 다 아물기 전에 다시 건드리면 상처가 덧나는 것처럼 마음의 상처를 되새김질하면 할수록 그 상처는 더 깊어진다는 것이다. 처음에는 상처라고 부르기도 민망할 만큼 작았던 것들

도 이를 곱씹으면 곱씹을수록 더 커지고 깊어지게 된다.

내 몸의 상처는 다른 사람 때문에 생기기도 하지만, 내 잘못으로 생기는 경우가 태반이다. 하지만 분명히 자기 잘못 때문에 생긴 상처임에도 다른 사람에게 책임을 떠넘길 방법을 찾는 것은 그렇게 어려운 일이 아니다. 딴 곳에 신경 쓰다가 유리가 있는 것을 보지 못하고 뛰어가서 유리문에 정면으로 박치기한 다음에, 왜 유리를 이렇게 깨끗하게 닦아놓아서 유리가 있는지 없는지도 모르게 하였느냐고 불평을 터뜨릴 수도 있다.

마음의 상처도 마찬가지다. 상처를 자기 스스로 만들어놓고도 상대방을 비난하기도 한다. 자신은 10년 만에 길에서 우연히 마주친 초등학교 동창생을 알아보고 반갑다는 의미로 쑥스러운 미소를 건넸는데, 기억이 전혀 나지 않는 상대방은 '저 사람 왜 저러지'라는 표정을 지으며 그냥 지나쳐버렸다고 생각해보자.

이 상황에서 자신을 기억하지 못하는 상대방을 비난할 수는 없다. 상대방은 사람의 얼굴을 잘 기억하지 못하는 사람일 수도 있고, 더군다나 자신이 한 일이라고는 미소를 건넨 것 말고는 아무것도 없기 때문이다. 그럼에도 자신은 아는 척을 했는데 상대방은 모른 척했다고 생각하면서, 상대방의 무반응을 자신을 모욕한 행동이라고 규정해버릴 수도 있다. 실제로는 자기 스스로 자신의 마음에 상처를 내고도, 그 책임은 상대방에게 떠넘기는 것이다.

더 큰 문제는 자신이 만든 상처를 스스로 덧내는 것이다. 집으로 돌아와서는 상대방이 초등학교 때 자신을 모욕했던 일들까지 꼽아 보기 시작하는 것이다. 물론 이 경우에도 객관적인 시선으로 보았을 때는 아무 일도 아닌 것이 모욕 사건 목록에서 1, 2위를 차지하게 될 가능성이 크다. 그리고 자신이 만든 목록의 사건들을 반복적으로 기억해서 상처가 아물기도 전에 다시 자기 마음에 더 큰 상처를 입히는 일을 반복하게 된다.

이런 과정이 반복되면, 모욕 사건의 스토리는 더 그럴듯하게 각색되고 점점 더 블록버스터급으로 과장되는 경향이 있다. 만약 오랜 시간에 걸쳐서 이런 과정이 반복되고 동시에 이러한 생각에 매몰된 채로 세월이 흐르게 되면, 나중에는 상처가 처음에 사건이 발생했을 때와는 비교할 수 없을 정도로 크고 깊어질 가능성이 크다. 그 결과 한 사람은 어떤 일이 있었는지 전혀 기억도 나지 않는데, 상대방은 복수를 결심하게 되는 어처구니가 없는 상황이 발생하게 되는 것이다.

05
행복의 다른 쪽 문을 보는 방법

인생을 살다 보면 자기 자신이 어떻게 이렇게 멍청할 수 있을까, 하는 생각이 드는 순간들이 있기 마련이다. 나는 '내가' 지난여름에 한 일을 알고 있다.

  공동연구 때문에 여름방학을 이용해 미국에 있는 메릴랜드 대학에 갔던 적이 있다. 한 달 정도 있으면서 논문을 완성하는 것이 목표였다. 그래서 숙소는 학교에 비교적 가까운 곳에 잡았고, 학교 셔틀버스를 이용했다. 학교 연구실과 숙소를 오가는 단순한 일상 중에서 가장 신경이 쓰였던 것은 셔틀버스 시간에 맞춰서 버스 정류장에 나가는 것이었다. 한 번 버스를 놓치면 한참을 기다려야 다음 버스를 탈 수 있었고, 숙소로 가는 막차를 놓치면 정말 난감한 상황에 처하게 됐다. 숙소가 학교에서 가깝다고는 하지만, 걸으면 한 시간 이상 걸리는 곳에 있었기 때문이다.

그러던 어느 날, 어떤 친절한 미국 분이 자기가 얼마 전에 새 차를 뽑아서 예전에 타던 자동차가 놀고 있으니, 한 달 동안 이용하는 게 어떻겠느냐며 전화를 주셨다. 너무 오래된 차라서 불편할 텐데, 그래도 괜찮으면 타라고 하셨다. 자동차가 없으면 껌 한 통 사러 가기도 어려운 나라에서 갑자기 발이 생긴 것이라, 기쁘고 감사한 마음으로 자동차와 열쇠를 받았다. 정말 오래된 차라서 문도 반드시 열쇠로만 따야 하고, 꼭지 같은 것을 눌러서 닫는 차였다. 에어컨도 안 나오고 수동이라 운전하는 데 불편하기도 했지만, 막차 시간 때문에 초조해하지 않고, 늦은 시간에도 숙소로 갈 수 있어 좋았다.

며칠이 지나고, 저녁 늦게 일이 끝나서 숙소로 가는 길에, 다음 날 아침에 먹을 게 하나도 없다는 생각이 들어서 자이언츠라는 대형마트가 있는 쇼핑몰에 갔다. 이미 너무 늦은 시간이어서 문을 닫기 직전이었는데, 다행히도 빵과 우유 같은 간단한 것들을 사서 자동차로 돌아왔다. 그런데 문을 열려고 주머니에서 열쇠를 찾는데, 아무리 찾아도 열쇠가 나오지 않는 것이었다.

바로 그 순간 운전석의 창문을 통해서 자동차 열쇠가 차 안에 그대로 꽂혀 있는 것이 내 눈에 너무 선명하게 보였다. 그리고 난 후에 바라본 문의 꼭지도 잠긴 상태로 아래로 내려가 있었다. 혹시나 하는 마음에 문을 열어 보았지만, 문은 꿈적도 하지 않고 굳게 닫혀 있었다. 남의 차를 타면서 도난 같은 걸 당하면 안 된다는 생각에 문의 꼭지는 늘 의식적으로 꼭꼭 누르고 다녔던 것이다. 도움을 요청하러 쇼핑몰로 갔지만, 이미 가게들은 문을 닫았고, 경비원들에게 부탁했더니 자신들은 문을 열지 못한다는 대답뿐이었다.

다행히도 나 같은 사람들이 꽤 있어서, 자동차 문을 열어주는 것을 아르바이트로 하는 사람들이 있다면서 전화번호를 찾아주었다. 휴대전화도 없었기 때문에, 경비원 사무실 전화를 이용해서 몇 군데 전화를 했다. 하지만 오늘은 일거리가 많아서 내가 있는 곳까지 오지는 못한다는 답변뿐이었다.

그러던 중 한 명이 이 근처에 일을 보러 가는 중인데, 시간이 되면 들리겠다는 답변을 줬다. 주변은 깜깜했고, 비는 부슬부슬 내리고 있었다. 드넓은 쇼핑몰 주차장에는 다른 차가 두 세대밖에 없었다. 강도를 만나도 도움을 청할 곳은 아무 데도 없는 그런 상황이었다. 시간이 되면 들르겠다고 한 이 사람이 과연 오기는 오는 걸까, 와서 문은 안 열고 갑자기 총이나 칼을 들이대면 어떻게 하나, 하는 생각들이 계속 교차했다.

그리고 한 30분 후에 차 한 대가 나타났다. 다행히도 그 사람은 총 대신에 문을 여는 긴 쇠꼬챙이를 꺼냈다. 그리고 내 차로 오더니 바로 운전석 문을 열지 않고, 조수석 쪽으로 가는 것이었다. 그리고 고민을 하는 듯하더니, 솔직히 말해주겠다고 했다. 차 문 안 닫혔다고. 그러면서 조수석 문을 바로 여는 것이었다. 조수석 쪽의 꼭지는 잠그지 않고 내렸던 것이다. 문을 열었다는 안도감보다는 감당할 수 없는 창피함이 몰려왔다. 운전석의 닫힌 문만 보고, 열려 있는 조수석 문은 보지 못한 것이다. 그리고 그 법석을 떨었던 것이다.

그 이후로 자동차 열쇠를 꽂아둔 채로 문을 닫고 내린 기억은 없다. 하지만 열려 있는 문은 보지 못하고 닫혀 있는 문만 바라보는 것은 우리 인생에서 생각보다 자주 일어나는 일일지도 모른다.

"행복의 한 쪽 문이 닫히면 다른 쪽 문이 열린다. 그러나 흔히 우리는 닫힌 문을 오랫동안 쳐다보고 있기 때문에 우리를 위해 열려 있는 다른 문을 미처 발견하지 못한다."

헬렌 켈러가 했던 이 말이 마음에 와 닿는 이유 중의 하나는 나중에 돌이켜보면 너무나도 환하게 열려 있던 것이 분명하게 보이는 행복의 다른 쪽 문을 당시에는 보지 못하고 넘어가는 경우들이 많기 때문이다. 행복이라는 자동차에 오를 수 있는 문은 운전석 문만 있는 것이 아니고 조수석 문도 있는데, 우리는 닫힌 운전석 문만 바라보다가 좌절하게 되는지도 모른다. 그렇다면 왜 사람들은 행복의 다른 쪽 문을 쉽게 발견하지 못하는 것일까?

한 가지 이유는 우리가 닫혀 있는 행복의 문을 열기 위해서 문에 너무 바짝 다가서 있기 때문이다. 잠긴 문을 열기 위해서는 당연히 잠겨 있는 문 앞으로 가야 한다. 그리고 문고리를 잡고 문을 열기 위해 힘을 써야 한다. 아직은 닫혀 있는 행복의 문 또는 성공의 문을 열기 위해서 땀 흘리며 온 힘을 다하는 사람들의 모습은 감동적이기까지 하다.

이 아름다운 모습이 안타까움과 애처로움으로 변하는 것은 닫힌 문이 미동도 하지 않고 열릴 기미가 보이지 않을 때다. 이런 상황에서 많은 사람이 채택하는 방법은 닫힌 문을 향해 더 가까이 다가가서 문고리를 더 꽉 잡고 남은 힘을 다해 문을 앞으로 당기는 것이다.

문제는 문 앞으로 다가갈수록 우리가 볼 수 있는 것은 닫혀 있는 문밖에 없다는 것이다. 더 큰 문제는 계속해서 문을 잡아당기기만 하면 힘은 점점 더 빠지게 된다는 것이다. 그래서 가끔은 문고리를 놓고 닫힌 문에서 몇 발짝 뒤로 물러설 필요가 있다.

그러면 이제는 닫힌 문만 보이는 것이 아니라 옆에 있는 것들이 눈에 들어오기 시작한다. 조금 더 뒤로 걸어가면 이미 열려 있는 행복의 다른 쪽 문을 발견하는 행운을 잡을 수도 있다. 행복의 다른 쪽 문을 보지 못한다고 해도, 문고리를 놓고 쉬는 동안 우리는 다시 문을 열어젖힐 수 있는 힘을 얻게 되고, 문을 열 수 있는 다른 아이디어를 찾아낼 수도 있다.

매일 반복되는 일상에 최선을 다하는 것은 행복으로 가는 가장 성실한 방법이다. 하지만 가끔은 일상으로부터 떨어져서 자신을 바라

보고 쉴 기회를 우리 자신에게 주어야 한다. 일상으로부터 자신을 분리시켜주는 것은 성실성을 끝까지 유지할 수 있게 하는 힘을 주고, 동시에 행복의 다른 문을 발견할 기회를 제공하기 때문이다. 휴일과 휴가가 존재해야 하는 이유가 바로 여기에 있다.

 일상으로부터 자신을 분리하는 작업을 우리는 일탈이라고 부른다. 즉, 일탈은 반복되는 일상으로부터 거리를 두는 것이다. 가장 대표적인 일탈은 여행을 떠나는 것이다. 휴식을 취하고 기분을 전환하기 위한 여행도 좋지만, 자신과는 다른 관점으로 세상을 살아가는 사람들을 경험할 수 있는 여행은 우리에게 행복의 다른 문을 볼 수 있는 능력을 길러주기 때문에 더 좋다.

여행이 긍정적인 일탈의 대명사이지만 일탈을 너무 거창하게만 생각할 필요는 없다. 일상으로부터 거리를 둘 기회를 제공하는 모든 것은 우리에게 일탈의 기회를 부여한다. 매일 아침 일찍 회사에 출근해서 저녁에 집으로 돌아오는 일상을 반복하는 사람에게는 일주일에 한 번 자신의 일과는 무관한 책 속으로 빠져드는 것도 소중한 일탈이다.

일탈은 자신이 현재 수행 중인 일과는 관련이 없는 행동을 하는 것이고, 우리 문화는 이런 목적 없는 행동을 할 때 "쓸데없는 짓 한다"고 핀잔을 주기도 한다. 하지만 일탈은 우리에게 에너지를 충전할 기회를 주고, 새로운 관점에서 세상을 보게 함으로써 행복을 찾을 수 있는 또 다른 문을 볼 기회를 제공한다. 쓸데없는 짓이 사실은 우리 인생에 꽤 쓸모 있는 일인 것이다.

2장

신뢰,
기대를 저버려
믿음을 얻다

01
당신의 심리적 신용등급은 얼마입니까?

"(이 단어의 애그는) 계란의 '에그(egg)'를 이야기하는 것이겠죠."

2008년 2월 21일, 지적이고 냉철한 방송 진행자의 대명사 격인 손석희 교수가 '물가 불안 서민 경제 위협한다'는 주제로 라디오 생방송을 하던 중에 '애그플레이션'의 의미를 설명하면서 이렇게 말했다.

애그플레이션(agflation)은 농업을 뜻하는 애그리컬처(agriculture)와 물가 상승을 뜻하는 인플레이션(inflation)을 합성해서 만든 개념이다. 2006년 하반기부터 나타나기 시작한, 곡물과 같은 농산물 가격의 급등 때문에 일반 물가가 상승하는 현상을 지칭하기 위해서 만들어진 신조어였다. 따라서 '애그'는 달걀의 '에그(egg)'가 아니라 농업의 '애그(ag)'였던 것이다.

손석희 교수의 실수는 당시 많은 화제가 되었다. 손 교수가 정확하고 지적인 시사 프로그램 진행자라는 자신의 이미지와는 정반대 되는 실수를 저질렀기 때문이다. 흥미로운 것은 당시 청취자들과 네티즌들의 반응이었다.

손 교수의 실수에 대한 비아냥거림이나 책임 추궁 같은 내용은 찾아보기 어려웠다. 오히려 "냉철한 진행으로 유명한 손석희가 황당한 실수를 범해 오히려 신선했다" "인간적인 면이 보인다" 같은 긍정적인 반응이 대부분이었다. 실수가 손 교수에 대해 일반인들이 가지고 있던 매력을 떨어뜨린 것이 아니라 반대로 증가시킨 것처럼 보인다.

실수를 저지른 사람에 대한 사람들의 반응은 대체로 부정적이다. 책임을 묻거나 비난을 가하는 것이 일반적이다. 특히, 우리 사회는 공인이라고 불리는 사람들의 실수에 대해 절대 관대하지 않다. 공인들은 작은 말실수를 하더라도 사회적으로 큰 파장을 불러일으키는 경우가 적지 않다. 그럼에도 말실수가 오히려 손석희 교수에게는 긍정적으로 작용한 이유가 무엇일까?

한 가지 가능성은 사람들에게 보인 손석희 교수의 이미지에서 찾을 수 있다. 손 교수는 시사 프로그램 사회자로서 완벽한 진행 솜씨를 보여주었고, 외모는 늘 깔끔한 모습으로 정리되어 있다. 아마도 많은 사람이 그에게서 '빈틈없는 완벽함'의 느낌을 받았을 가능성이 크다. 우리는 유능하고 완벽한 사람을 좋아한다. 하지만 나와는 차원이 다른 사람이라고 여겼던 완벽한 대상이 실수하는 모습을 보여주었을 때, 그 대상을 더 좋아하게 되는 경우가 있다. 이를 '실수 효과'라고 한다. 완벽한 무결점의 인간으로 알고 있었던 대상이 실수했을 때, 그 대상이 좀 더 인간적으로 지각되고, 그 결과 더 매력적으로 지각되는 것이다. 그렇다면, 실수를 한 사람은 누구나 인간적으로 지각되고, 좋은 인상을 얻게 되는 것일까?

이러한 질문에 대한 답은 엘리엇 애런슨(Elliot Aronson) 등의 실수 효과에 대한 연구에서 찾을 수 있다. 이 연구에서는 실험 참여자들에게 퀴즈쇼를 녹음한 오디오 테이프를 들어주었다. 이 테이프에는 퀴즈쇼 사회자가 남자 대학생에게 몹시 어려운 문제를 내고 남학생의 고등학교 시절에 대한 질문을 하는 내용이 담겨 있었다. 실험에 참여한 사람들의 과제는, 테이프를 듣고 퀴즈쇼에 참여한 남학생의 인상이 얼마나 좋은지 평가하는 것이었다.

실험에 참여한 사람들에게는 내용이 다른 4종류의 테이프 중에서 하나를 들어주었다. 첫 번째 테이프에는 남학생이 거의 완벽하게 정답을 맞히고, 개인 신상에 대한 질문에 답하는 과정에서 자신이 고등학교 시절에 학업 성적, 학생 활동, 체육에서 매우 뛰어난 학생이었다는 것을 겸손하게 인정하는 내용이 담겨 있었다. 두 번째 테이프에는 남학생이 문제를 많이 틀리고, 자신이 고등학교 시절에 모든 면에서 지극히 평범한 학생이었다는 것을 언급하는 내용이 담겨 있었다. 세 번째 테이프는 첫 번째 테이프와 똑같은 내용을 담고 있었는데, 거기에 한 가지 사건이 추가되었다. 남학생이 인터뷰가 거의 끝날 무렵에 갑자기 자신이 가지고 있던 커피를 자기가 입고 있던 새 옷에 쏟는 실수를 범하면서 소동을 피우는 소리가 담겨 있었다. 네 번째 테이프에는 두 번째 테이프의 내용에 커피 쏟는 내용이 추가되어 있었다. 간단하게 정리하면, 네 명의 남성이 있었던 것이다.

(1) 완벽한 능력에 실수하지 않은 남성
(2) 평범한 능력에 실수하지 않은 남성
(3) 완벽한 능력에 실수한 남성
(4) 평범한 능력에 실수한 남성

그렇다면, 실험에 참가한 사람들은 누구를 가장 마음에 들어 했을까?

가장 매력적으로 평가받은 대상은 매우 뛰어난 능력을 보여주면서 동시에 커피를 쏟는 실수를 범했던 사람이었다. 사람들은 능력이 뛰어난 두 남학생에 대해 좋은 인상을 형성했다. 하지만 뛰어난 능력을 보여주었던 두 사람 중에서는 커피를 쏟았던 사람을 작은 실수조차 하지 않았던 '완벽남'보다 더 좋게 평가한 것이다. 실수 효과가 발견된 것이다. 즉, 사람들은 뛰어난 능력을 보여주고 동시에 아무런 실수도 범하지 않은 사람보다는 인간적인 실수를 한 사람에게 더 큰 매력을 느꼈다.

하지만 평범한 능력을 보여주었던 사람들에게는 실수가 '득(得)'이 아니라 '독(毒)'으로 작용하는 것으로 나타났다. '평범남'의 경우에는 커피를 쏟지 않았던 사람에 대한 인상이 커피를 쏟았던 사람에 대한 인상보다 더 좋은 것으로 나타났다. 즉, 유능하지도 않으면서 커피까지 쏟은 사람에 대한 인상이 가장 부정적으로 형성된 것이다.

사람들에게 '완벽남'의 실수란 그의 인간적인 면을 엿볼 기회를 제공하는 것이지만, 이미 충분히 인간적으로 보이는 '평범남'이 저지른 실수는 사람들에게 그의 능력이 평범함을 밑돌지도 모른다는 생각을 하게 만드는 단서로 작용할 가능성이 큰 것이다.

같은 실수를 했는데도 어떤 사람은 긍정적인 반응을 이끌어내고 다른 사람은 반대로 부정적인 반응을 불러일으키게 되는 경우를 종종 볼 수 있다. 물론 다양한 이유가 이러한 차별적인 반응에 개입될 수 있지만, 모든 것이 같다면, 긍정적인 반응을 이끌어낸 사람은 그동안 주위 사람들에게 자신의 유능함을 충분히 증명해왔을 가능성이 크다.

　신용등급이 낮으면 똑같은 돈을 빌림에도 신용등급이 높은 사람보다 이자를 더 많이 물어야 하는 것과 같다. 따라서 남편이나 아내, 또는 상사나 동료를 포함해서 만약 누군가가 다른 사람에 비해 당신이 실수를 범할 때 유독 민감하고 가혹하게 반응한다면, 그 사람에 대한 미움의 감정을 키우기 전에, 자신이 그동안 그 사람에게 쌓아온 심리적 신용등급이 어느 정도였는지 돌이켜볼 필요가 있다. 특히, 당신의 작은 실수에 대한 상대의 지나치게 부정적인 반응은 당신이 상대방에 대해 지금까지 쌓아온 심리적 신용등급이 매우 낮다는 것을 알려주는 일종의 고지서와 같은 것이다.

우리에 대한 심리적 신용등급을 매우 낮게 책정한 대상에게 취할 수 있는 조치는 두 가지가 있을 수 있다. 하나는 신용등급을 낮게 책정한 은행과 거래를 끊고 다른 은행을 찾아보듯이 그 사람과의 관계를 끊는 것이다. 두 번째는 심리적 신용등급을 높이는 것이다. 많은 인간관계가 은행과 거래를 중단하듯이 쉽게 정리할 수 없는 것이라면, 실질적으로 우리가 선택할 수 있는 유일한 방법은 시간을 두고 심리적 신용등급을 한 단계씩 끌어올리는 것이다.

심리적 신용등급을 높이는 과정은 많은 시간을 요구하고 또한 고통스러운 작업이지만, 일단 신용등급이 높아진 다음에는 그동안 경험하지 못했던 혜택을 누릴 자격이 부여된다는 것을 기억하자.

02

시선을 사로잡는 존재감,
마음을 사로잡는 존재감

   어느 순간부터 우리가 사는 공간에서 자신의 존재감을 폭발적으로 드러내는 사람들을 '미친 존재감'이라고 부르기 시작했다. 방송에서 실제 역할의 비중이나 방송 분량은 미미했지만 시청자들에게 자신의 존재를 강하게 전달했던 사람들에게 붙였던 수식어가 일상적으로 사용되기 시작한 것이다.

   사람들이 자신이 존재감을 드러내는 방식은 상당히 다양하지만, 일반적으로 존재감 있는 사람들은 두 가지 종류의 힘을 발휘하는 것처럼 보인다. 하나는 그들이 우리의 시선을 빼앗는다는 것이고, 또 다른 하나는, 심지어, 우리의 마음을 훔치기도 한다는 것이다.

   존재감은 사람들의 시선을 사로잡는 힘이다. 따라서 우리 사회에서 '미친 존재감'이 되기 위한 가장 빠른 방법 중의 하나는 눈에 띄는 외모(얼굴, 키, 몸매, 스타일 등)의 소유자가 되는 것이다. 만약 당신이 김태희나 장동건의 외모를 갖고 있다면, 아무것도 하지 않아도, 자신의 의지와는 무관하게, '미친 존재감'이 될 수밖에 없다.

여기서 우리가 기억해야 할 것은 미친 존재감이 되기 위해서는 반드시 아름다운 외모의 소유자가 될 필요는 없다는 것이다. 단지 눈에 띄는 외모를 소유하기만 하면 된다. 만약 당신이 옥동자의 외모를 갖고 있다면, 당신도 자신의 존재감에 대해 걱정할 필요가 없다. 당신의 의지와는 무관하게, 주위의 모든 사람은 이미 당신의 존재감을 체감하고 있을 것이다.

사실 진정한 존재감은 사람들의 마음을 사로잡는 힘이다. 시선이 아니라 마음을 끌어당기는 존재감을 느낀다는 것은 사랑에 빠지는 것과 유사하다. 따라서 존재감을 발휘하는 사람은 존재감을 느끼는 다수로부터 사랑을 받는 대상이 되는 셈이다. 현실에서의 사랑은 대부분 이성 간에 그리고 일대일의 관계로 이루어지지만, 마음을 사로잡는 존재감을 매개로 한 관계는 성별과 무관하게 일대 다의 관계로 맺어진다. 존재감을 발휘하는 사람에게 대부분의 사람이 마음을 주게 되기 때문이다.

눈에 띄는 외모와 같은 외적 특징을 가지고 있다면, 시선을 사로잡는 존재감을 획득하는 것은 매우 빠르고 쉽게 이루어진다. 사람

들은 김태희나 장동건 또는 옥동자에게 거의 자동적으로 눈길을 돌리게 된다. 하지만 마음을 사로잡는 존재감을 획득하는 과정은 매우 천천히 그리고 어렵게 진행된다. 매력적인 외모가 마음을 빼앗는 데도 도움을 줄 수 있지만, 결국 마음을 빼앗는 존재감은 신뢰와 존경에서 나온다.

그리고 이러한 신뢰와 존경은 행동의 일관성과 의사소통 능력에서 비롯되는 것이다. 이는 첫 만남에서 상대방의 인상을 형성하는 데 결정적인 영향을 미치는 거의 유일한 요인이 외모인데 반해, 장

기적이고 안정적인 관계를 유지하는 데는 상대방의 성격이 가장 중요한 요인인 것과 마찬가지다.

누구나 자신의 존재를 타인으로부터 인정받고 싶어 하는 기본적인 욕구가 있다. 따라서 가정, 직장, 그리고 친구들 사이에서 존재감을 발휘하는 사람이 된다는 것은 자존감과 행복감을 유지하는 데 필수적이다. 그래서 가끔은 단박에 주위의 시선을 사로잡는 존재감을 드러내는 사람들이 부럽기도 한 것이 사실이다. 하지만 마음을 사로잡는 진정한 존재감은 사람들에게 신뢰와 존경을 심어줄 수 있는 당신의 꾸준함에서 나오는 것이다. 그리고 이러한 과정은 시간이 꽤 걸리고 쉽지도 않은 작업이라는 것을 스스로 인정하고, 신뢰와 존경을 하나씩 쌓아갈 때 당신은 시나브로 미친 존재감이라고 불리고 있는 자신을 발견하게 될 것이다.

03
기대를 저버려
신뢰를 얻은 사람들

'2008 KBS 신인 연기자 선발대회'에는 연기자를 꿈꾸는 젊은이 3,469명이 응시했다. 그중에서 1차 서류 심사, 2차 면접과 연기 테스트, 3차 카메라 테스트를 통과한 21명이 최종적으로 연기자로 선발되었다. 175 대 1이라는 경쟁률이 말해주듯이, 연기자는 우리 사회 젊은이들이 선망하는 직업이 된 지 오래다. KBS에서 5년 만에 처음으로 선발대회를 통해서 신인 연기자를 뽑았다는 것도 화제였지만, 이 대회에서 가장 크게 이목을 끌었던 사람은 바로 심사위원장을 맡았던 중견 연기자 김성환 씨였다. 한국방송연기자협회 이사장 자격으로 심사위원장이 된 그의 아들이 이 선발대회에 응시했던 것이다.

만약 이 글을 읽고 계신 독자 중에서 관련 기사를 보지 못하셨던 분들이 계신다면, 과연 지금 머릿속에 어떤 생각이 떠오를까? 이런 상황(부모는 뽑는 위치에 있고, 자식은 응시자)에서 우리나라 뉴스에 가장 쉽게 등장할 수 있는 이야기는 '아버지의 후광으로', 조금 더 심해지면 '아버지가 힘을 써서', 최악은 '아버지가 돈과 권력을 동원해서' 아들이 합격했고, 그 덕분에 순진하게 실력만 갈고 닦았던 다른 응시자들은 들러리가 되었다는 내용으로 구성될 것이다.

하지만 김성환 씨는 이런 우리의 기대(?)를 저버렸다. 그의 아들은 미국 오하이오 주립대에서 경제학을 전공하다가 연기자의 꿈을 버리지 못하고 귀국해서 서울예대를 졸업했다고 한다. 그런데 아버지를 이어서 연기자가 되기 위해 준비해온 아들을 김성환 씨는 1차 심사에서 바로 탈락시켜버렸다. 그는 "아들이 물론 실망도 컸을 것이고 기가 죽을 수도 있지만 오히려 잘되었다고 생각한다. 실력이 없으면 그 누구라도 안 되는 것이고 어려운 직업인 만큼 더 많은 훈련을 거쳐야 한다"라고 말했다.

사람들은 믿을 만하다고 생각하는 사람의 말이나 행동에 더 쉽게 설득당하는 경향이 있다. 따라서 타인의 태도를 변화시키거나 설득시키기 위한 첫 단계는 메시지 전달자의 신뢰성을 높이는 것이다.

신뢰성을 증가시키기 위해 쓸 수 있는 가장 단순한, 하지만 가장 강력한 방법은 바로 자신의 이득과는 상반되는 주장이나 행동을 하는 것이다. 사람들은 대부분 자신에게 이득을 가져다줄 수 있는 말을 하거나 행동을 하고, 자신에게 손해가 될 만한 말이나 행동은 억제하는 경향이 강하다. 더 나아가 자신의 이익을 위해서나 또는 자신이 손해를 보지 않기 위해서 거짓말이나 부정한 행동도 쉽게 저지른다. 따라서 누군가가 자신의 이득과는 상반되는 주장이나 행동을 했을 때 사람들은 이것이 그의 진심이라고 생각하고, 이 사람의 주장이나 행동을 더 신뢰하게 될 가능성이 커진다.

일레인 월스터(Elaine Walster) 등의 연구에서는 실험 참여자들에게 '나폴리의 어깨'로 불리는 '조'(Joe 'The shoulder Napolitano')라는 마피아 행동대원이 조직폭력에 대한 범죄 혐의로 수감되었다고 알려주었다. 그리고 난 후에 조가 법정에서 진술한 내용을 보여주고, 사람들이 조가 어떤 주장을 폈을 때 그의 말을 더 신뢰하고 그의 주장에 의해 더 쉽게 설득당하는지 알아보았다.

조는 실험 조건에 따라 두 가지 다른 주장을 펼쳤다. 한 조건에서 그는 조직폭력범에 대한 형사 처벌이 지금보다 더 강화되어야 하고 형량도 더 강하게 부과되어야 한다고 주장했다. 따라서 조의 주장이 법정에서 받아들여지면 그는 더 큰 처벌을 받을지도 모른다. 조는 자신의 이득과는 상반되는 주장을 펼친 것이다.

다른 조건에서 조는 조직범죄가 다른 범죄에 비해 더 심하게 처벌받고 있기 때문에 불공평하고, 그래서 조직범죄에 대한 처벌은 현재보다 더 관대해져야 하며 형량도 지금보다는 더 가벼워져야 한다고 주장했다. 즉, 조는 자신에게 이득을 줄 수 있는 주장을 한 것이다.

당신이라면 '나폴리의 어깨'가 어떤 주장을 펼쳤을 때, 그의 주장이 더 신뢰할 만한 것이라고 여길까? 결과에 따르면, 조직범죄에 대한 처벌이 완화되어야 한다고 주장했을 때 조의 주장은 전혀 설득력이 없는 것으로 나타났다.

하지만 조가 자신과 관련된 범죄에 대해 더 엄한 처벌이 내려져야 한다고 주장했을 때 그는 매우 설득력 있는 메시지 전달자로 지각되었다. 사람들은 그의 주장이 믿을 만하다고 생각했고, 그가 진심을 담아서 말하고 있다고 생각한 것이다. 조가 자신의 이득과는 반대되는 주장을 펼쳤을 때, 그의 주장은 국민에게 존경을 받는 청렴하고 강직한 인물이 동일한 주장을 했을 때만큼이나 설득력이 강했다.

흥미로운 것은 '나폴리의 어깨' 조는 우리가 좋아하는 사람도 아니고 그렇다고 해서 법에 대한 전문가도 아니라는 것이다. 그는 단지 조직폭력배이다. 하지만 조직폭력배가 하는 말도 사람들의 마음을 움직일 때가 있는 것이다. 즉, 우리가 혐오스럽게 생각하고, 더구나 전문가도 아닌 사람일지라도 사람들은 자신의 손해를 감수하면서까지 어떤 주장을 펴는 사람을 믿을 만하다고 생각하고, 그의 주장에 동의하는 경향이 강한 것이다.

얼마 전(2011년 8월 15일) 세계 최대의 부자 중 한 명인 워렌 버핏 버크셔해서웨이 회장이 〈뉴욕타임스〉에 기고한 칼럼을 통해서 부자들의 세금을 늘려야 한다고 주장했다. 지난해에 자신은 소득의 17.4퍼센트를 세금으로 냈지만, 자기 사무실에서 일하는 직원 스무 명은 소득의 33~41퍼센트를 세금으로 내서 세금 비율이 모두 자신보다 높았다는 것이다. 이에 덧붙여 그는 돈으로 돈을 버는 사람이 노동으로 돈을 버는 사람보다 세금을 적게 내는 것은 정상이 아니라고까지 주장했다. 이런 버핏의 생각에 미국 MSNBC 방송이 홈페이지를 통해 벌인 설문에 참여한 5만 5,000여 명 중 약 95퍼센트가 찬성하는 것으로 나타났다.

  버핏의 주장이 있고 난 후(8월 24일), 로레알의 상속녀인 릴리안 베탕쿠르를 포함한 프랑스 16개 기업 대표와 투자자들도 세금을 더 내게 해달라고 자국 정부에 요청하고 나섰다. 그들은 부자들이 세금을 더 낼 수 있도록 특별기부세를 신설해달라고 신문에 기고문을 게재했다. 자신들은 프랑스 사회 시스템과 유럽으로부터 혜택을 받은 계층임을 알고 있다며 정부 부채로 인해 프랑스와 유럽의 운명이 위협받고 정부가 모든 국민에게 단결된 노력을 요구하는 이때, 자신들이 이바지해야 한다고 생각한다고 말했다.

  부자는 자신들이 내는 세금 총액이 훨씬 더 많아서 부자들의 세율을 더 줄여주어야 한다고 주장하는 것이 오히려 자연스러워 보인다. 하지만 부자들 스스로 자신들이 세금을 더 내야 한다고, 그리고 더 내게 해달라고 주장한 것이다. 따라서 자신의 개인적 이득과는

정반대의 주장을 편 버핏과 프랑스 부자들에 대한 신뢰도는 상승할 수밖에 없다. 증세가 투자와 일자리 창출에 더 효과적인지 아니면 그 반대인지에 대한 경제학적 논쟁과는 무관하게, 버핏과 프랑스의 부자들은 이미 신뢰와 존경이라고 하는, 자국민들과 더 나아가, 세계인의 마음을 이미 확실하게 얻은 것이다.

여론조사 결과를 보면 우리나라 사람들이 가장 신뢰하지 못하는 집단으로 늘 상위에 꼽는 사람들이 바로 정치인과 부자들이다. 신뢰를 얻는 방법은 다양하지만, 자신과 자신이 속한 집단의 이득과는 반대되는 주장과 행동을 통해 우리나라 사람들의 마음을 얻는 정치인과 부자가 더 많아지고, 그런 사람들이 살아남을 수 있는 환경을 만들어야 한다. 그래야 우리 사회도 살아 있는 사람 중에도 존경할 만한 사람들을 쉽게 찾을 수 있는 그런 사회가 될 수 있을 것이다.

안철수, 기대를 저버려 신뢰를 얻다

"리더십이라는 단어를 생각했을 때, 머릿속에 가장 먼저 떠오르는 사람은 누군가요?" 리더십 관련 특강을 시작하면서 청중들에게 던진 질문이었다. 질문이 끝나기가 무섭게 터져 나온 대답은 바로 "안철수"였다. 청중들은 안철수라는 이름과 리더십을 한 덩어리로 연합해서 지각하고 있었다.

흥미로웠던 것은 "안철수"라는 답이 나온 이후로 청중들이 한동안 다른 리더의 이름을 생각해내지 못했다는 것이다. 마치 리더십의 대명사격인 사람들의 이름을 다 말해버렸기 때문에 더는 생각해낼 사람이 없어서 침묵이 흐르는 것처럼 보일 정도였다. 기억연구에 따르면, 어떤 대상(예, 안철수)이 한 범주(예, 리더)와 강하게 연합되면 범주 내의 다른 대상(예, 이순신 장군)이 생각날 가능성은 감소한다고 한다. 따라서 리더십 강의를 듣고 있던 청중들이 "안철수"라는 대답을 한 후에 보여준 침묵은 그들에게 안철수와 리더라는 두 개의 개념이 매우 강하게 연합되어 있었을 가능성이 높다는 것을 보여주는 것이다.

　대선 후보 지지율에 대한 최근(2011년 11월 21일)의 여론조사에서도 안철수 교수는 1위를 차지했다. 이런 여론조사 결과에 대해, 안철수 교수에 대한 지지가 얼마나 오랫동안 지속될 수 있을지 의문을 제기하는 사람들도 있다. 매우 제한된 표본이기는 하지만, 리더십 강의를 듣던 청중들의 반응을 고려한다면, 여론조사에서 나타난 안철수 교수에 대한 지지는 일시적인 호기심이나 바람 때문에 생긴 것이 아닐 가능성이 높다. 이는 '안철수'와 '리더'라는 두 개념이 사람들의 머릿속에 함께 자리 잡고 있기 때문에 나타난 결과일 수 있는 것이다. 머릿속에 강하게 연합되어 있는 두 개의 개념은 쉽게 분리되지 않는다는 것을 고려하면, 안철수 교수에 대한 지지도는 시간이 지나도 쉽게 사그라지지 않을 가능성이 높다.

　안철수 교수를 리더로 지각하게 한 다양한 요인들이 존재하지만, 그중 하나만 꼽는다면 '신뢰'를 들 수 있을 것이다. 안철수 교수는 대선주자로 거론되기 전부터 대중들로부터 가장 신뢰할 수 있는 사람으로 꼽히곤 했다. 그가 '신뢰'를 획득하는 방법은 독특한데, 바로 사람들의 기대를 저버리는 것이다.

　그는 컴퓨터 바이러스 백신을 만들어 비싸게 팔면 엄청난 부자가 될 수 있을 것이라는 사람들의 기대를 저버리고, 백신을 무료로 배포했다. 경영난에 봉착한 회사를 1,000만 달러에 인수하겠다는 외국기업에 넘기면 또 부자가 될 수 있을 것이라는 사람들의 기대를 저버렸다. 그 결과, 글로벌 보안업체는 컴퓨터 바이러스 백신 사업을 독점하지 못했고, 덕분에 우리나라에는 백신을 비싼 가격으로 팔지 못하게 되었다. 회사를 세계적인 인터넷 보안회사로 키워놓았으니 경영권을 계속 유지하면서 살 수 있을 것이라는 사람들의 기대를 저버리고, 전문경영인에게 경영권을 내줬다. 압도적으로 높은 지지를 받고 있었기 때문에 선거에 나가기만 하면 서울시장에 당선될 것이라는 사람들의 기대를 저버리고, 박원순 시장에게 후보를 양보했다. 그리고 사람들의 기대를 크게 저버리고, 1,500억 원 상당의 자신이 소유한 주식 절반을 사회에 내놓았다.

사람들은 대부분 자신에게 득이 되는 말이나 행동을 하고, 자신이 손해를 볼 수 있을 때는 그것이 옳은 경우에도, 말이나 행동으로 옮기지 않는 경향이 강하다. 따라서 누군가가 우리가 가지고 있는 이러한 기대와는 반대로, 즉 자신의 이득과는 상반되는 주장이나 행동을 했을 때 사람들은 이것이 그(녀)의 진심이라고 생각하고, 이 사람을 더 신뢰하게 된다. 자신의 이득과는 반대되는 의사 결정을 함으로써 사람들의 기대를 저버리는 것은 신뢰성을 증가시키기 위해 쓸 수 있는 가장 강력한 방법 중 하나다. 하지만 실행에 옮기기에는 가장 어려운 방법이기도 하다.

04
"직접 말하기도 그렇고" 하니 더 잘 믿어주는 사람들

"산수유, 남자한테 참 좋은데, 남자한테 정말 좋은데…… 어떻게 표현할 방법이 없네. 직접 말하기도 그렇고."

사람 좋게 생긴 아저씨 한 분이 나와서 약간 어눌한 말투로 산수유 음료를 소개하던 이 광고 문구는 유행어가 될 정도로 큰 화제를 모았다. 우리 사회에서 유행어를 가장 잘 만들어내는 개그맨들까지 따라 할 정도로 큰 인기를 끌었던 이 광고의 주인공은 해당 회사의 회장님이었다. 광고를 만들기 위해 직원회의를 하다가 답답해서 "남자들한테 정말 좋은데…… 어떻게 표현할 방법이 없네"라고 말했던 것을 광고로 그대로 옮긴 것이라고 한다. 화제가 된 만큼 광고 효과도 엄청났다. 산수유를 팔아서 서울 강남 사옥을 지었다는 이야기가 나올 정도로 광고는 성공적이었다.

　이 광고가 사람들의 관심을 끌었던 이유 가운데 하나는, 아이러니하게도 광고 문구가 사람들의 관심을 끌려는 의도가 없는 것처럼 들린다는 데서 찾을 수 있다. 광고는 일반적으로 해당 제품이나 서비스의 장점을 부각하는 방식으로 '선전'해서 사람들의 관심을 끌고 잠재적 소비자들의 마음에 영향을 미치려는 의도를 드러내게 마련이다. '산수유' 광고도 실제로는 자기 제품의 장점을 군더더기 없이 잘 설명하고 있다.

　하지만 흥미로운 것은, 몇 가지 이유 때문에 이 광고 문구는 사람들의 마음에 영향을 미치려는 의도가 없는 것처럼 들릴 수 있게 만들어졌다는 것이다. "어떻게 표현할 방법이 없네. 직접 말하기도 그렇고"라면서 마치 직접적인 설득을 하지 못하고 있는 것 같은 느낌을 주는 광고 문구가 이러한 효과를 만들어낸다. 텔레비전 화면에서 처음 보는 아저씨가 경상도 사투리가 섞인 말투로, 제품명은 언급하지도 않고, '산수유'가 좋다는 것을 제대로 설명하지 못해서 답답해하는 마음을 혼잣말로 표현한 것도 이런 효과를 강화시키는 데 한몫한다.

　사람들은 상대방이 자신에게 어떤 영향을 미치려는 의도를 가지고 있지 않다고 생각할 때, 그 사람에게서 전달된 메시지에 의해 쉽게 설득당하는 경향이 있다. 금융회사 직원이 당신에게 수익률이 아주 높고 원금 보장도 되는 좋은 조건의 새로운 금융 상품이 나왔다면서 가입을 권유하면, 아마도 제일 처음 드는 생각은 뭔가 설명하지 않은 불리한 조건이 있을 것이라는 의심일 가능성이 크다. 하지만 똑같은 내용의 설명을 우연히 엿듣게 되었을 때를 상상해보자.

커피숍에서 친구를 기다리고 있는데, 옆 테이블의 남자가 자기 친구에게만 속삭이듯이 자기가 최근에 가입한 금융 상품이 있는데 정말 조건이 좋으니까 너도 하나 가입하라고 이야기하는 것을 우연히 엿듣게 되었다고 생각해보자. 금융회사 직원이 한 이야기나 옆 테이블의 남자가 한 이야기의 내용이 같음에도 그 상품에 가입하고 싶은 욕구는 옆 테이블 남자의 이야기를 통해서 들었을 때가 훨씬 더 커질 가능성이 크다.

같은 내용으로 구성된 메시지의 설득력이 달라질 수 있는 이유는 메시지를 전달하는 상대방이 자신에게 영향을 미치려는 의도를 가지고 있다고 생각하는지에 따라 상대방에 대해 갖게 되는 신뢰성의 정도가 달라지기 때문이다. 사람들은 자신을 설득하려고 덤벼드는 것이 분명해 보이는 사람을 잘 신뢰하지 않는다. 왜냐하면 상대방이 자신을 설득해서 무언가 이득을 보려 한다고 생각하기 때문이다.

메시지 전달자가 자신의 이득을 얻으려는 의도를 가지고 메시지를 전달하는 것으로 보일 때, 메시지 전달자에 대한 수용자의 신뢰성은 크게 떨어진다. 자신의 이득이 목적인 사람은 진실을 숨기거나 심지어 왜곡할 가능성이 크다고 생각하기 때문이다. 그 결과 메시지의 설득력도 함께 떨어진다. 반면, 메시지 수용자들은 자신에게 영향을 미치려는 의도가 전혀 없는 것처럼 보이는 사람을 메시지 전달자로서 상당히 신뢰하는 경향이 있다. 메시지 전달을 통해서 개인적인 이득을 취하려는 목표를 가지고 있지 않기 때문에 메시지를 왜곡할 가능성이 작다고 생각하는 것이다. 그 결과, 메시지 전달자를 신뢰하게 되고, 메시지의 설득력도 높아지게 된다.

일레인 월스터(Elaine Walster)와 레온 페스팅거(Leon Festinger)의 연구에서는 두 명의 대학원생이 어떤 주제에 관해 토론할 때 옆방에 있는 학부생 실험 참여자로 하여금 이들의 대화를 엿듣도록 했다. 한 조건에서는 실험 참여자들에게 토론하고 있는 대학원생들이 옆방에서 누군가가 자기들의 대화를 엿듣고 있다는 사실을 알고 있다고 말해주었다. 즉, 이 조건에서는 참여자들로 하여금 옆방에서 대화를 나누고 있는 대학원생들이 엿듣고 있는 참여자를 염두에 두고 이야기를 하고 있다고 생각하게 만든 것이다.

다른 조건에서는 옆방에서 대화를 엿듣고 있다는 사실을 대학원생들이 전혀 알지 못한 채로 이야기를 나누고 있다고 말해주었다. 결과에 따르면, 참여자들은 자기가 엿듣고 있다는 사실을 대학원생들이 모르고 있다고 생각했을 때, 대학원생들이 엿듣는 사람의 존재를 알고 있다고 생각했을 때보다, 대학원생들의 주장에 더 크게 동의하는 것으로 나타났다. 이러한 결과는 사람들이 자기 이야기를 누군가 엿듣고 있는 줄도 모르는 상태에서 한 말이 훨씬 더 진실할 가능성이 크다고 생각하고, 그 결과 이런 조건에서 한 말의 설득력이 더 커진다는 것을 보여준다.

여기서 중요한 것은 상대방이 우리에게 영향을 미치려는 의도를 실제로 가지고 있었느냐, 없었느냐가 아니다. 실제 의도의 존재 여부와는 독립적으로, 메시지의 설득력은 메시지 수용자가 상대방이

자신에게 영향을 미치려는 의도가 있었다고 지각하는지에 따라 결정된다. 예를 들어, 자기 마음에 들지 않는 부하 직원들을 괴롭히고 의심도 많은 고약한 상사 앞에서 그 사람의 업무 추진력이 대단하다고 칭찬했다고 하자. 실제로 당신은 다른 것은 몰라도 상사의 업무 추진력만큼은 배울 만하다고 생각했고, 이 상사에게 뭔가 바라는 것이 있는 것도 아니었다. 과연 이 상사는 당신의 칭찬을 액면 그대로 받아들일까? 그럴 가능성은 매우 작다. 아마도 이 상사는 당신이 자기에게 어떤 영향을 미치기 위해 그런 이야기를 한다고 생각하고 당신의 진심을 평가절하할 가능성이 크다. 즉, 메시지 전달자는 실제로는 영향을 미치려는 의도를 전혀 가지고 있지 않았음에도, 메시지 수용자가 상대방이 의도가 있다고 지각하면 메시지의 설득력은 떨어지게 되는 것이다.

반대로 메시지 전달자는 영향을 미치려는 분명한 의도가 있었지만, 메시지 수용자가 의도가 전혀 없다고 지각하면 메시지의 설득력은 크게 증가한다. 만약 당신이 이 고약한 상사의 눈에 들어서 괴롭힘만이라도 면하려는 의도가 있었다고 해보자. 그래서 상사가 화장실에 주로 가는 시간을 미리 확인해두었다가 미리 화장실에 가서 빈칸을 하나 차지하고 앉아 있다가, 상사가 들어오는 것을 확인하고, 마치 친구와 통화하는 것 같은 목소리로 그 상사에 대한 칭찬을 늘어놓았다고 하자. 아마도 이 상사는 당신이 진심으로 자기를 존경한다고 생각하고 흐뭇한 미소를 지을 가능성이 크다. 상대방이 자신에게 영향을 미치려는 의도를 갖고 있지 않다고 지각했을 때, 우리는 그 사람으로부터 더 크게 영향을 받는 것이다.

05

'형사 콜롬보'보다 트렌치코트가 더 믿음직스러운 이유

〈형사 콜롬보(Columbo)〉로 기억되는 배우, 피터 포크(Peter Falk)가 2011년 6월 23일 세상을 떠났다. 〈형사 콜롬보〉에는 약간 얼빠진 듯한 표정에, 코맹맹이 소리를 내며 말을 더듬는, 강력계 형사와는 잘 어울릴 것 같지 않은 모습의 형사가 등장한다.

그는 범인이 치밀하게 꾸며낸 알리바이를 대고 수사망에서 빠져나가려고 하는 순간, "한 가지만 더(just one more thing)!"라는 대사와 함께, 결정적인 질문을 던져서 범인을 잡아내는 것으로 유명했다. 이 드라마는 1971년 미국 NBC 방송에서 시작해서 약 30년간 인기를 끌었던, 미국의 TV 수사물 시리즈의 원조 격이라고 불릴 만한 작품이다.

〈형사 콜롬보〉는 우리나라를 포함해서 약 26개국에서 방영되었는데, 〈형사 콜롬보〉와 한국의 인연은 조금 더 각별한 편이다. 형사 콜롬보를 연기한 배우 피터 포크가 1995년에 보안업체인 '세콤' 광고에 등장한 것이다. 그는 이 광고 하나를 찍고 13만 달러(당시 약 1억 원)를 챙겼다. 사실 그가 광고에서 한 일이라고는 "세콤!"이라고 말하면서 눈을 찡긋한 것이 다였다. 당시에는 보안과 경비를 경찰이 아닌 사설 업체에서 담당한다는 개념 자체가 많은 사람에게 무척이나 생소했었다.

이런 상황에서 보안 관련 사업을 출범시킨 기업 입장에서는 기업의 이미지를 가장 쉽게 소비자들에게 전달할 방법을 찾아야 했고, 거기에 가장 적합한 인물이 바로 '형사 콜롬보'라고 판단했던 것이다. 아무리 어려운 상황에서도 드라마가 끝나기 전에 반드시 범인을 잡아내는 '형사 콜롬보'와 보안업체인 '세콤'이 연합되면, 소비자들은 '세콤'이라는 회사에서 '형사 콜롬보'의 이미지를 쉽게 떠올리게 될 것이라고 예상할 수 있다. 이런 점에서 본다면, 배우 피터 포크를 광고 모델로 선정한 것은 매우 적절한 의사 결정이었다고 볼 수 있다.

그런데 이 광고를 보면 왜 그랬는지 이해하기 어려운 점을 하나 발견하게 된다. 피터 포크가 말쑥한 양복을 입고 나타나서, "세콤!"이라고 외쳤던 것이다. '형사 콜롬보'를 상징하는 것은 피터 포크가 입고 나왔던 낡고 구겨진 트렌치코트이다. 원래는 피터 포크 자신이 입기 위해 샀던 것인데, '형사 콜롬보'의 상징물이 되면서 약 25년 동안 주인공의 옷으로 사용되었다고 한다. 결국 너무 낡아서 새 것으로 바꿔야 했지만, 대다수 사람은 '형사 콜롬보' 하면 바로 이 트렌치코트를 떠올렸다.

그런데 '형사 콜롬보'의 이미지를 활용하려는 광고에서 정작 '형사 콜롬보'의 상징물인 트렌치코트가 빠진 이유는 무엇이었을까? 문제는 트렌치코트의 출연료에 있었다고 한다. 트렌치코트를 입고 등장하는 경우에, 피터 포크의 당시 출연료는 많게는 3억 원에 달했다고 한다. 똑같은 사람이지만 비싼 양복을 입혀 출연시키는 경우보다 낡은 코트를 입혀서 출연시키기 위해서는 몇억 원을 더 주어야 했던 것이다.

광고를 포함해서 사람들의 생각이나 태도를 변화시키기 위해서 어떤 메시지를 전달하는 경우에, 메시지의 설득력은 메시지를 전달하는 사람이 누구냐에 따라 크게 달라지는 경향이 있다. 예를 들어, 같은 문장으로 구성된 연설문을 읽더라도 누가 그 연설을 했느냐에 따라서 사람들의 마음이 움직이는 방향과 정도는 달라질 수 있다. 핵 추진 잠수함을 건조할 수 있다는 것이 아주 불분명했던 1951년, 칼 호블랜드(Carl Hovland)와 월터 웨이스(Walter Weiss)는 미국 대학생들을 대상으로 '머지않은 미래에 핵 추진 잠수함을 건조하는 것은 현실적으로 실현 가능한 일이다'라는 주장을 들려주고 이에 동의하는 정도를 알아보았다.

한 조건에서는 이 주장을 많은 미국인이 존경하고 있던 핵물리학자인 오펜하이머(Oppenheimer)가 했다고 알려주었고, 다른 조건에서는 당시 미국과 냉전 중이던 옛 소련 공산당의 견해를 대변했던 당 기관지 프라우다(Pravda)의 주장이라고 알려주었다. 실험 참여자들은 같은 내용의 주장을 들었음에도 자신들이 신뢰하는 오펜하이머가 메시지 전달자라고 생각했을 때, 자신들이 신뢰하지 못하는 프라우다의 주장이라고 생각했을 때보다 조만간 핵연료를 이용한 잠수함이 만들어질 것이라는 주장에 더 많이 동의하는 것으로 나타났다.

이러한 결과는 주장의 내용이 '핵 추진 잠수함 건조가 불가능하다'로 바뀌었을 때도 같은 방식으로 나타났다. 즉, 메시지 전달자가 오펜하이머였을 때, 핵 추진 잠수함 건조가 불가능할 것이라는 주장에 대한 동의 정도가 프라우다였을 때보다 높은 것으로 나타났다.

호블랜드와 웨이스는 핵 추진 잠수함 건조 가능성뿐만 아니라 다양한 주장과 전달자를 이용한 체계적인 연구를 통해 메시지 전달자의 신뢰성이 설득 커뮤니케이션에서 매우 중요한 역할을 한다는 것을 보여주었다. 그렇다면 사람들은 어떤 메시지 전달자를 신뢰할까?

비싼 양복은 몸값 떨어뜨리고, 낡은 코트가 몸값을 올리는 이유

메시지 전달자의 신뢰성 지각에는 다양한 요인들이 영향을 미치지만, 가장 중요한 것은 전달자의 전문성이다. 즉, 사람들은 어떤 주장을 펼치는 사람이 해당 분야의 전문적인 지식을 가지고 있다고 생각할 때 그 사람의 주장이 신뢰할 만한 것이라고 믿는 경향이 있다. 예를 들면, '신종플루 예방을 위해서는 손가락 사이와 손목까지 비누칠해서 손을 자주 씻고 건조기를 통해서 말리는 습관을 들여야 한다'라는 주장을 변호사가 했을 때보다는 의사가 했을 때 더 설득력이 있는 것이다.

그런데 흥미로운 것은 메시지 전달자의 신뢰성을 높이기 위해서는 반드시 전달자가 해당 분야의 진짜 전문가일 필요는 없다는 것이다. 단지 사람들이 메시지 전달자가 해당 분야의 전문가라고 지각하거나 그렇게 착각하기만 해도 메시지의 설득력은 높아진다. 사실 피터 포크는 범죄 관련 전문가가 아니다. 그는 배우이다. 연기 관련 전문가이다. 따라서 그는 어떤 보안업체가 경비를 잘하고 범죄가 발생했을 때 더 빠르고 효율적인 조치를 취할 수 있는지에 대한 전문 지식을 가지고 있을 가능성이 거의 없다.

하지만 그가 나오는 광고를 접하는 소비자들은 피터 포크를 배우로 보지 않고, '형사 콜롬보'라는 범죄 관련 분야의 최고의 전문가로 지각할 가능성이 크다. 따라서 피터 포크를 광고 모델로 기용해서

보안업체로서의 이미지를 높이겠다는 목표는 실현 가능성이 상당히 높은 것이었다.

문제는 피터 포크를 범죄 전문가로 지각하도록 만들기 위해서는 그가 구겨진 트렌치코트를 입고 나타났어야 한다는 것이다. 만약 피터 포크가 실제로 형사였다면 그가 어떤 옷을 입고 나오든 간에 사람들은 그의 모습에서 '형사'의 이미지를 떠올렸을 것이다. 마치 우리나라 젊은이들이 가장 신뢰한다는 안철수 교수가 양복을 입든 트렌치코트를 입든, 그에 대한 신뢰의 정도가 달라지지 않는 것과 같다.

하지만 실제로는 범죄 전문가가 아닌 피터 포크는 그를 형사로 착각하게 하려면 '형사 콜롬보'의 상징인 낡은 트렌치코트가 필요한 것이다. 양복을 잘 차려입은 피터 포크의 모습에서 '형사 콜롬보'를 떠올릴 가능성은 그가 트렌치코트를 입고 있을 때와 비교하면 현저히 떨어지기 때문이다. 그 결과 피터 포크의 광고 출연료는 1억 원인데, 트렌치코트의 출연료가 추가로 2억 원인, 어찌 보면 황당한 요구처럼 보이는 계약 조건이 만들어지게 되는 것이다.

06

작전명, '믿음'

2008년 베이징 올림픽에서 대한민국 야구대표팀은 예선전부터 결승전까지 총 9게임에서 모두 승리하며 금메달을 일궈내는 전설을 만들었다.

일본 프로야구 최정예 선수들로 구성된 일본 대표팀을 준결승에서, 그리고 프로보다 강한 아마추어로 불리던 쿠바 대표팀을 결승에서 꺾고 따낸 순도 100퍼센트의 금메달이었다. 결승전도 손에 땀을 쥐게 하는 명승부였지만, 정말 극적이었던 경기는 일본과의 준결승전이었다. 한국은 7회 초까지 1 대 2로 뒤지면서 끌려가고 있었다. 하지만 7회 말, 이진영 선수의 적시타로 2 대 2 동점을 만들면서 승부를 원점으로 돌리는 데 성공했다.

그리고 드디어 운명의 8회 말. 일본 프로야구 최고의 마무리 투수인 이와세 선수가 마운드를 지키고 있는 상황에서 국민타자로 불리던 이승엽 선수가 타석에 들어섰다. 원 아웃이었지만 1루에는 이용규 선수가 나가 있어서 역전시킬 좋은 기회였다. 하지만 문제는 이승엽 선수가 베이징 올림픽에서 엄청난 슬럼프에 빠져 있었다는 것이다.

이승엽 선수는 이전 타석까지 25타수 3안타로 타율 1할 2푼에 삼진을 무려 여덟 개나 당하고 있었다. 모두 이승엽 선수를 계속 4번 타자로 기용하는 김경문 감독의 전술을 의아하게 생각하고 있었다. 더구나 이와세 선수는 왼손잡이 투수로, 왼손 타자인 이승엽 선수가 껄끄러워하는 스타일이었다.

오른손 대타를 기용할지도 모른다고 생각했던 대다수 사람의 생각을 비웃기라도 하듯이 김경문 감독은 다시 한 번 이승엽 선수에게 타석에 들어설 기회를 줬다. 하지만 이와세 선수는 두 개의 공만으로 투 스트라이크를 잡아냈다. 타자에게 절대적으로 불리한 볼 카운트. 이승엽 선수는 볼을 하나 골라냈고, 파울볼을 하나 쳤다. 드디어 투 스트라이크 원 볼에서 이승엽 선수가 걷어 올리듯이 받아친 공이 오른쪽으로 날아갔다. 당시 중계를 담당했던 아나운서와 해설자의 반응은 이랬다.

"아, 우측에 높이 뜬 공…… 아, 아닌가요…… 아…… 네…… 크다, 크다. 넘어가나요. 아~넘어갔어요!"

당시 중계를 하던 분들에게 이승엽 선수의 타구는 홈런이 되지 않고 우익수 플라이로 잡힐 것처럼 보였던 것 같다. 이승엽 선수가 홈런을 펑펑 쳤을 때 같았으면 아마도 바로 홈런이라고 생각했을 타구가 이승엽 선수의 계속된 부진 때문에 외야 플라이로 끝나는 것처럼 보였을 가능성이 높다. 하여튼, 베이징 올림픽 일본과의 준결승전의 드라마는 이렇게 이승엽 선수의 결승 2점 홈런으로 완성됐다.

경기가 끝나고 난 후에, 김경문 감독은 그토록 부진했던 이승엽 선수를 왜 계속 4번 타자로 기용했는지에 대한 질문을 받고 이렇게 대답했다.

"이승엽은 큰 경기에서 쳐주는 선수이니까 한 경기만 잘해주면 된다고 생각하고 계속해서 4번 타자로 기용했다. 마침 오늘이 그날이 됐다."

'믿음의 야구, 뚝심의 야구'로 불리는 김경문 감독의 스타일답게, 그는 믿음을 가지고 이승엽 선수에게 기회를 줬고, 이승엽 선수는 역전 2점 홈런을 쳐서 김 감독이 자신에게 보여준 믿음과 기대가 틀리지 않았다는 것을 입증한 셈이다. 김경문 감독의 숨은 작전은 '믿음'이었던 것이다.

꿈나무 효과

세상에는 자신을 증명할 기회를 상대적으로 자주 그리고 지속적으로 얻는 사람들이 있다. 흔히 우리가 기대주 또는 꿈나무라고 부르는 사람들이다. 잠재력이 있기 때문에 기회를 주면 언젠가는 성공할 것이라고 우리가 기대하는 사람들이다. 흥미로운 것은, 우리가 꿈나무라고 기대를 걸었던 사람들은 시간이 조금 지나면 실제로 꿈나무로 성장해 있거나 꿈나무에 대한 기대에 걸맞은 성취를 이뤄낸 경우를 쉽게 발견할 수 있다는 것이다. 마치 김경문 감독이 이승엽 선수가 언젠가는 한 방 터트려줄 것이라는 기대를 버리지 않고 끝까지 4번 타자로 기용했더니, 실제로 결정적인 승부처에서 이승엽 선수가 역전 홈런을 때리는 것과 마찬가지다.

사람들은 자신이 가지고 있는 기대나 믿음을 가지고 상대방을 바라보고, 상대방의 행동이나 미래를 예측한다. 그런데 우리가 가지고 있는 기대는 우리의 행동을 무의식적으로 변화시킨다. 그리고 우리의 변화된 행동 때문에 상대방의 행동이 변화하게 된다.

여기서 우리가 주목해야 하는 것은 상대방의 행동과 미래는 우리가 그 사람에 대해 가지고 있던 기대와 일치하는 방향으로 변화하게 될 가능성이 높다는 것이다. 이러한 현상을 '자기충족적 예언'이라고 한다. 즉, 자신의 기대를 기초로 한 예언이 실제로 현실에서 실현되는 것이다.

자기충족적 예언에 대한 고전 중 하나인 로버트 로젠탈(Robert Rosenthal)과 르노어 제이콥슨(Lenore Jacobson)의 연구에서는 한 초등학교의 학생 전체를 대상으로 일종의 잠재력 검사를 했다. 그리고 그중에서 아주 높은 점수를 받아서 앞으로 1년 안에 성적이 크게 오를 가능성이 높은 학생들이 누구인지 선생님들에게 알려주었다. 즉, 학생 중에 꿈나무가 누구인지 알려준 것이다. 약 8개월 후에 실시한 검사에서 꿈나무로 지목된 학생들이 보통나무로 분류된 학생들보다 학업수행은 물론 지능검사에서도 통계적으로 유의미하게 높은 점수를 받은 것으로 나타났다. 흥미로운 사실은 연구자들이 꿈나무로 지목했던 학생들이 실제로는 처음에 실시했던 잠재력 검사에서 더 높은 점수를 받았던 사람들이 아니었다는 것이다. 연구자들은 잠재력 검사를 토대로 꿈나무를 가려낸 것이 아니고, 무작위로 학생들을 꿈나무와 보통나무로 나누었던 것이다. 따라서 이 연구에서 꿈나무로 불렸던 학생들은 연구가 시작되기 전에는 보통나무로 불렸던 학생들과 성장잠재력이나 지능이 비슷했던 것이다.

 연구자들의 관찰로는 꿈나무 연구가 진행된 학교의 선생님들은 전체적으로 매우 공평한 방식으로 모든 학생을 대하려고 의식적으로 노력했음에도 불구하고, 자신도 의식하지 못하는 사이에 꿈나무 학생들에게 더 건설적인 방식으로 반응하는 것으로 나타났다. 이러한 선생님들의 행동 변화는 실제로는 잠재력에서 차이가 없던 꿈나

무로 불린 학생들과 보통 학생들 간의 행동변화를 유발했다.

꿈나무는 자신과 더 자주 눈을 맞춰주고 자신의 질문에 더 따뜻하고 건설적인 방식으로 반응하는 선생님 때문에 수업에 더 큰 흥미를 느껴서 더 열심히 공부하게 된 것이다. 즉, 처음에는 무작위로 꿈나무 집단에 할당되어서 보통집단의 학생들과 차이가 없었던 학생들이 이제는 진짜 꿈나무처럼 행동하는 학생들로 바뀐 것이다. 그리고 꿈나무로 분류된 지 8개월 만에 이 학생들은 진짜 꿈나무로 변해 있었던 것이다. 선생님들이 꿈나무라고 믿었던 학생들에게 갖고 있던 기대가 실제로 실현되는 자기충족적 예언 현상이 발생한 것이다.

이승엽 선수가 인생에서 늘 자신을 믿고 기다려주는 감독만을 만났던 것은 아니다. 그에게 있어서 2010년 일본 요미우리 자이언츠에서 보낸 한 해는 그 어떤 해보다 고통스러웠을 것이다. 요미우리의 하라 감독은 2010년 이승엽 선수가 조금만 부진해도 게임 도중에 교체해버리거나 대타로만 경기에 출장시켰고, 몇 게임 동안 이승엽 선수가 눈에 띌 만큼 좋은 모습을 보여주지 않으면 바로 2군으로 내려보냈다. 하라 감독은 이승엽 선수에 대한 기대를 접어버린 것처럼 보였다. 실제로 이 기간 동안 이승엽 선수의 성적은 하라 감독의 기대가 맞았다는 것을 증명이라도 하듯이 최악이었다.

자기충족적 예언에 따르면, 우리가 꿈나무라고 생각한 사람은 꿈나무가, 반대로 썩은 나무라고 생각한 사람은 썩은 나무가 될 가능성이 높다. 여기서 우리가 기억해야 하는 것은 상대방이 꿈나무나 썩은 나무가 된 것은 그 사람 자체의 문제이기 이전에 우리가 상대방에 대해 가지고 있던 기대와 믿음 때문일 수 있다는 것이다. 우리의 기대와 믿음이 누군가의 미래를 결정하는 힘을 발휘할 수도 있다.

3장

사랑,
지독한 사랑에는 유통기한이 있다

01

운명적인 사랑과
운명적이라고 믿는 사랑

러시아의 우파에 사는 안드레아 이바노브라는 스물여섯 살의 청년은 결혼식 전날 신부가 교통사고로 사망하는 비극을 경험한다. 방황하던 그는 사랑하는 사람을 따라가기로 결심하고 벨라야 강으로 향했다. 그런데 그곳에서 그가 발견한 것은 자살하기 위해서 다리의 난간으로 올라가고 있던 스물한 살의 마리아 페트로바라는 여인이었다.

그는 마리아를 멈춰 세웠고, 차가운 강물로 투신하려던 그녀를 안고 다리 아래로 내려왔다. 두 사람은 서로 마주 보고 울면서 자신의 사연을 밤새워 이야기했다. 마리아는 남자친구의 아기를 임신한 상태에서 실연을 당했고, 자살을 결심하게 되었다는 것이다. 자살하려다가 만나게 된 두 사람은 결국 연인으로 발전했고, 결혼을 약속

했다. 마리아는 "안드레아는 내가 이 세상의 마지막에 찾은 소중한 보물이자 구세주이다. 그동안 내가 겪었던 고통은 그를 만나기 위해 가졌던 아픔이라고 생각한다"라고 말했다고 한다. 사랑하는 이를 잃거나 사랑하는 사람으로부터 버림받고, 죽음을 결심한 순간 또 다른 사랑이 찾아온 것이다.

'지독한 사랑'에는 유통기한이 있다

봄기운이 한창 달아오르면, 어느 날 갑자기 운명적인 대상과 사랑에 빠졌다면서 솔로들의 마음에 하이킥을 날리며 돌아다니는 사람들을 심심치 않게 만날 수 있다. 이런 운명적 사랑이 해피엔딩으로 마무리되면 좋겠지만, 연구 결과들에 따르면, 이들의 사랑은 대부분 2~3년 안에 종말을 고할 가능성이 크다.

 일레인 해트필드(Elaine Hatfield) 등의 사랑을 연구하는 심리학자들은 가슴이 벅차오르고, 상대에게 완전히 빠져들고, 구름 위를 떠다니는 것 같은 느낌을 받게 되는 사랑을 열정적 사랑이라고 명명했다. 이러한 열정적 사랑의 핵심은 바로 신체적 흥분이다. 그런데, 안타깝게도, 같은 대상을 보았을 때 생기는 신체적 흥분은 시간이 지날수록 힘이 빠지게 된다는 것이다. 사랑에 빠져 있으면 시간 가는 줄 모르는데, 문제는 시간이 가면 갈수록 열정적 사랑의 흥분은 식게 마련이라는 것이다.

　한 일간지에서 우리나라 연예인 커플들이 얼마나 오랫동안 연인 관계를 유지하는지 알아본 결과에 따르면, 평균 연애 지속 기간은 약 30개월이라고 한다. 연예인들의 사랑도 시작에서 결별까지 걸리는 시간은 일반인들과 크게 다르지 않은 것이다. 이는 동일한 대상의 존재가 가슴을 뛰게 할 수 있는 유효기간이 상대가 아무리 매력적인 연예인이라고 해도 더 길지는 않다는 것을 보여준다.

　운명적인 사랑은 언젠가는 운명을 고하고 마는 것이다. 운명적인 사랑을 만났다고 들떠 있던 사람들에게도 결국 이별의 시즌이 다가오게 마련이다. 찬바람이 불면 운명적인 사랑을 만났던 사람들도 자신이 날린 하이킥 때문에 가슴에 든 멍이 아직도 남아 있을 솔로

친구들에게 술 한잔하자고 문자메시지를 보내기 시작하는 것이다. 이들 중 일부는 바로 재기전을 치르기 위해 상대를 물색할 것이고, 조금 더 신중한 사람은 실패의 원인을 분석하고 봄에 다시 만개할 짝짓기 시즌에 대비하기 위해 동안거에 들어가기도 할 것이다. 이들은 한동안 고통을 경험하겠지만, 결국에는 자신의 삶의 균형을 회복하고 다시 새로운 도전을 준비한다. 그리고 이들이 경험한 사랑과 헤어짐은 자신의 자아가 어떤 모습인지 확인할 기회를 만들어주고, 세월이 한참 지나고 나면 자신의 인생을 풍요롭게 만들어줄 추억으로 변해 있을 것이다.

문제는 운명적인 사랑과의 결별 때문에 삶의 균형이 깨지고 마는 사람들이 있다는 것이다. 일반적으로 우리 삶의 균형이라는 것은 늘 깨졌다가 회복되고, 다시 깨졌다가 회복되기를 반복한다. 그런데 간혹 깨진 균형이 바로 회복되지 못하는 경우가 있다. 위기가 오는 것인데, 이런 위기는 실연에서 오는 경우가 많다. 특히, 운명적인 사랑이라고 믿었던 상대방으로부터의 배신은 치명적이다.

이럴 때 사랑에 의해서 깨진 균형은 삶을 하나씩 망가뜨린다. 운명적인 사랑과의 헤어짐이라는 블랙홀에 인생의 다른 중요한 일에 쏟아야 할 에너지와 애정을 모두 빨려버리고 마는 것이다. 학업, 가족, 친구, 일, 종교, 취미와 같은 인생의 또 다른 행복을 켜는 버튼들은 이제 모두 작동을 멈추고 마는 것이다. 극단적인 경우에는 삶을 포기하게 만들기도 한다. 자살의 주요한 이유 중의 하나가 사랑하는 사람과의 결별 또는 운명적 사랑이라고 믿었던 사람으로부터의 배신이다.

운명적이라고 믿는 사랑이 존재할 뿐

그렇다면, 과연 운명적인 사랑이라는 것이 실제로 존재하는 것일까? 아마도 태어나기 전부터 운명적으로 이미 결정되어 있는 사랑은 존재하지 않을 것이다. 하지만 우리가 운명적이라고 믿어버리는 사랑(이하 운명적인 사랑은 이것을 의미)이 존재하는 것은 분명하다.

우리가 기억해야 할 것은 이런 운명적인 사랑이 인생에서 단 한 번만 찾아오는 것은 아니라는 것이다. 안드레아와 마리아가 죽음을 결심했던 이유는 아마도 자신이 잃어버린 사랑이나 자신을 배신한 사랑이 운명적인 사랑이라고 믿었기 때문일 것이다. 하지만 운명적인 사랑을 잃었다고 생각하고 자살을 시도하려는 순간 두 사람에게는, 이것이 진짜라고 믿게 된, 또 다른 운명적인 사랑이 나타난 것이다.

어떤 사람은 첫 번째 만난 운명적인 사랑과 평생 함께할 수도 있다. 이런 사람에게는 운명적인 사랑이란 이 세상에 단 하나만 존재하는 것이다. 하지만 또 다른 사람에게는 하나의 운명적 사랑이 가고 나면, 저 멀리서 또 새로운 운명적인 사랑이 그 사람을 기다리고 있게 마련이다. 어떤 이에게는 다음 차례의 운명이 바로 나타나기도 하고, 다른 이에게는 조금 더 많은 시간이 흐른 후에 두 번째 운명적 사랑이 다가오기도 하는 차이가 있을 뿐이다.

힘이 들면 친구에게 힘든 마음을 털어놓고, 조금 더 힘들 때에는 전문가에게 상담을 요청하는 것이 더 빠르게 삶의 균형을 회복하는 길이다. 실연이나 배신의 상처를 달래기 위해 우리 사회에서 가장 자주 사용하는 방법은 술을 마시는 것이다. 알코올이라는 약물에 의존하는 것인데, 약물에 의존하는 것은 늘 부작용을 수반한다. 술은 너무 많이 먹으면, 운명도 아닌 사랑을 더 운명인 것처럼 생각하게 하기 때문에 자제하는 것이 현명하다.

운명이라고 믿었던 사랑이 당신을 배신하고 떠났다고 해서 자신을 학대하고 망가뜨리는 것은, 저기에서 기다리고 있는 두 번째이자 마지막이 될지도 모르는, 또 다른 운명적 사랑에 대한 예의가 아니다. 또 다른 사람의 진짜 운명적 사랑이 될 자기 자신을 스스로 소중한 존재로 아낄 수 있어야 한다.

02
조폭이나 첫사랑이나
가슴을 뛰게 하는 것은 마찬가지

"I have to warn you. I've heard relationships based on intense experiences never work."

 "미리 경고를 줘야만 할 것 같은데, 강렬한 경험 때문에 시작된 관계는 오래가지 못한다고 그러더라고요." 영화 〈스피드〉의 마지막 장면에 기적적으로 살아남은 잭(키아누 리브스)이 애니(산드라 블록)에게 키스하면서 했던 대사이다. 잭에 원한이 있던 페인(데니스 호퍼)은 로스앤젤레스 시내버스에 폭탄을 장치해놓고 잭에게 전화를 건다. 버스가 속도를 시속 50마일(약 80킬로미터) 이하로 줄이면 자동으로 폭파되고, 누구라도 탈출을 시도하면 원격 조정 장치로 버스에 설치된 폭탄을 터뜨리겠다는 협박이었다.

승객을 구하기 위해서 잭이 가까스로 달리는 버스에 올라타고, 버스를 운전하던 기사가 총을 맞고 쓰러지자 승객 중 한 명이었던 애니가 버스 운전대를 잡으면서 영화는 엄청난 속도로 질주하기 시작한다.

1994년에 만들어졌지만, 지금 다시 봐도 처음부터 끝까지 손에 땀을 쥐게 하는, 영화에서 스피드를 느낀다는 것이 무엇인지 실감케 해주는 영화이다. 많은 액션영화의 끝이 그렇듯이 처음 만나서 죽음의 고비를 넘기고 살아남은 두 남녀 주인공은 첫 키스를 하면서 사랑에 빠지게 된다. 다른 액션영화의 결말과 조금 차이가 있다면, 키스하던 남자 주인공이 느닷없이 이런 식으로 시작한 관계는 오래가지 못한다고 여자 주인공에게 경고한다는 것이다. 과연 강렬한 스릴을 함께 경험하는 과정에서 사랑을 시작한 사람들이 끝까지 잘되기는 어려운 것일까?

사랑의 감정을 느끼게 하는 두 가지 심리적 요인

사람들이 어떻게 사랑을 포함한 다양한 감정이나 정서를 느끼게 되는지를 설명하는 심리학의 이론 가운데 하나는 '2요인 이론'이다. 이 이론에 의하면 우리가 특정 감정이나 정서를 느끼기 위해서는 두 가지 요인이 필요하다고 한다.

그중 하나는 신체적인 각성이다. 각성은 우리가 흔히 흥분했을 때 경험하게 되는 일종의 생리적인 변화이다. 각성이 증가하면 가슴이 두근거리고, 호흡이 가빠지며, 손과 발에는 땀이 나게 된다. 정서를 느끼는 데 필요한 또 다른 요인은, 이러한 각성에 대한 인지적인 해석이다. 내 가슴이 왜 두근거리는지에 대해 일종의 명칭을 부여하는 과정이 필요한 것이다.

예를 들어, 당신이 앞에 있는 누군가와 눈이 마주쳤는데 가슴이 두근거리기 시작했다고 하자. 그런데 자세히 보니 그 사람은 바로 오래전에 헤어졌던 당신의 첫사랑이었다. 어떤 감정이 들까? 아마도 당신은 당신의 가슴 두근거림이 그(녀)에 대해 아직도 남아 있는 사랑의 감정 때문이라고 생각하게 될 것이다. 하지만 만약 눈이 마주친 상대가 검은색 양복에 깍두기 머리를 한 상당한 덩치의 남성이었다고 생각해보자. 이 '조폭스러운' 남성이 팔짱을 낀 채 당신을 지긋이 노려보고 있었던 것이다. 과연 이 경우에도 가슴 두근거림이 사랑의 감정 때문이라고 생각할 수 있을까?

조폭이나 첫사랑이나 가슴을 뛰게 하는 것은 마찬가지

2요인 이론에 의하면, 우리가 경험하게 되는 신체적인 각성은 첫사랑과 눈이 마주쳤을 때나 조폭과 눈이 마주쳤을 때나 거의 비슷하다고 한다. 즉, 조폭이나 첫사랑이나 가슴을 뛰게 하는 것은 마찬가지라는 것이다.

동일한 생리적 변화를 우리가 인지적으로 어떻게 해석하느냐에 따라 어떤 경우에는 사랑의 감정을 느낄 수도 있고, 다른 경우에는 공포를 경험할 수도 있다는 것이다. 따라서 인지적인 해석은 생리적 각성을 해석하고 의미를 부여하는 기능을 담당한다. 즉, 우리가 경험하는 감정이나 정서의 종류가 무엇인지를 결정하는 것이다.

반면, 신체적인 각성은 우리가 경험하게 되는 감정이나 정서의 강도를 결정한다. 만약 어떤 이성을 만났을 때는 가슴이 살짝 설레기만 하는데, 다른 이성을 만났을 때는 가슴이 쿵쾅거린다면, 가슴을 쿵쾅거리게 한 이성에 대해 더 큰 사랑의 감정을 느끼게 되는 것이다. 물론 조폭과 마주쳤을 경우에도 가슴이 살짝 두근거릴 때보다 가슴이 쿵쾅거릴 때 더 큰 공포의 감정을 경험하게 된다.

그런데 자신의 신체적 각성이나 흥분의 원인이 무엇인지 정확하게 파악하는 것이 생각하는 것만큼 쉽지는 않다. 그 이유는 신체적 각성이 증가했을 때 나타나는 신체적인 변화는 거의 동일한데 반해, 신체적인 각성을 유발하는 원인은 너무나도 다양하기 때문이다.

흥미로운 것은 자신의 신체적 각성의 원인을 잘못 파악한 결과 실제보다는 더 강력한 감정에 휩싸일 수 있다는 것이다. 예를 들어 놀이동산에서 바이킹을 탔기 때문에 증가한 가슴 두근거림을 바이킹을 함께 탄 남자친구나 여자친구 때문이라고 생각하게 되면, 상대방에 대한 사랑의 감정이 바이킹을 타지 않았을 때보다 더 커지게 되는 것이다.

한 연구에서는 남자 대학생들에게 약 2분간 트레드밀에서 달리기를 시킨 다음에 매력적인 여성의 사진을 보여주고 사진 속의 여성이 얼마나 매력적인지, 그리고 실제로 기회가 온다면 사진 속의 여성과 데이트를 하고 싶은 마음이 어느 정도인지 물어보았다. 결과에 따르면, 달리기하지 않았던 대학생들보다 달리기한 다음에 사진을 본 대학생들이 사진 속의 여성을 더 매력적으로 지각하고 데이트를 하고 싶은 욕구도 더 강한 것으로 나타났다. 달리기로 증가한 각성이 사진 속의 여성에 대해 참가자들이 가지고 있던 호감의 정도를 더 강화시킨 것이다.

따라서 영화 〈스피드〉에서처럼 강렬한 사건을 함께 경험하면서 사랑을 시작하는 사람들은 사랑의 감정을 실제보다 과대 지각한 상태에서 관계를 시작하게 될 가능성이 크다. 사랑과는 무관한 엉뚱한 원인에 의해서 발생한 가슴 두근거림을 사랑 때문이라고 잘못 해석한 상태에서 관계가 시작되는 것이다. 이러한 오해 덕분에 불같은 사랑 또는 운명적 사랑에 빠지기도 한다.

하지만 오해에서 시작된 관계가 오래가기는 쉽지 않다. 키아누 리브스의 대사가 말해주듯이 강렬한 경험에서 비롯된 각성을 상대방에 대한 자신의 사랑의 감정이라고 잘못 판단한 상태에서 시작된 사

랑은 곧 그 실체를 드러내게 된다.

같이 뛰는 사랑이 더 오래간다

하지만 이미 상대방에 대한 사랑이 충분히 확인된 연인이라면, 생활 속에서 건전한 방식으로 각성을 증가시킬 방법을 찾는 것은 관계를 더 강화시키는 데 도움이 될 수 있다. 가장 추천할 만한 것은 함께 운동하는 것이다. 운동은 혼자 할 때는 신체의 기능을 강화시켜주지만, 사랑하는 사람과 함께하면 사랑의 감정을 강화시켜준다.

　사랑하는 여자가 겨울에 춥다고 하면, 고대생은 자기 옷을 벗어주고, 연대생은 안아주는데, 육사 생도는 일어나서 "같이 뛰자"라고 한다는 오래된 우스갯소리가 있다. "같이 뛰자"라는 발상에 많은 사람이 웃음을 터뜨리고는 했는데, 만약 이미 서로 사랑하고 있다면, 그 사랑을 더 단단하게 하는 데 함께 뛰는 것만큼 좋은 것이 없을지도 모른다.

03
궁합이
잘 맞는다는 증거

무미건조한 일상이 반복될 때마다 한번(어떤 분들은 다시 한 번) 강렬한 사랑에 푹 빠져보았으면 하는 생각이 들고는 할 것이다. 그럴 때마다 떠오르는 전형적인 사랑 이야기 중의 하나가 〈로미오와 줄리엣〉이다. 열정적인 사랑의 대명사 격인 로미오와 줄리엣의 사랑은 강렬한 만큼 아름답고, 동시에 극단적일 만큼 비극적이다.

  로미오의 몬태규(Montague) 가문과 줄리엣의 카퓰렛(Capulet) 가문은 서로 철천지원수인데, 로미오와 줄리엣은 첫눈에 반해 사랑에 빠지고 만다. 둘은 몰래 결혼식을 올리지만, 가문 간의 반목, 불행한 사건의 발생 그리고 오해가 겹치면서 이야기는 비극으로 치닫는다. 줄리엣이 죽었다고 생각한 로미오는 줄리엣의 입술에 마지막

키스를 남기고 독약을 삼킨다. 잠시 후에 깨어난 줄리엣은 자신의 곁에 죽은 채로 누워 있는 로미오를 발견한다. 그리고 로미오의 단검으로 스스로 자신의 목숨을 끊고 만다.

도대체 로미오와 줄리엣은 왜 그토록 강렬한 사랑에 빠지게 되었을까? 많은 사람이 열정적인 사랑에 빠지고는 하지만 로미오와 줄리엣처럼 연인이 죽었다고 해서 상대방을 따라서 목숨을 끊는 경우는 극히 드물다. 로미오와 줄리엣이 스스로 목숨을 끊을 정도로 서로 사랑하게 된 데에는 여러 가지 이유가 있겠지만, 그중 하나는 두 사람의 사랑이 이룰 수 없는 사랑이었다는 것에서 찾을 수 있을지도 모른다. 집안의 반대로 이룰 수 없었던 사랑이었기 때문에 로미오와 줄리엣이 경험한 사랑의 감정이 극대화되었을 가능성이 있다는 것이다.

부모의 반대가 심할수록 사랑에 더 빠져들게 되는 현상을 '로미오와 줄리엣 효과'라고 한다. 부모의 반대에도 자신이 어떤 대상을 사랑하고 있다면, 사람들은 그 이유가 자신이 그만큼 그 대상을 사랑하고 있기 때문이라고 해석하는 경향이 있다. 동시에 부모의 반대는 우리를 각성시키는데, 증가한 신체적인 각성은 우리가 경험하는 현재의 감정이나 정서의 강도를 강화시킨다. 즉, 부모의 반대가 사랑에 빠진 사람을 화나게 하고 흥분시키는데, 이 과정에서 신체적 각성이 증가하게 된다. 그리고 신체적 각성이 증가한 상태에서 사랑하는 사람을 만나게 되면, 그 사람이 더 사랑스러워 보이게 되는 것이다. 부모의 반대가 증가시킨 신체적 각성이 부모가 반대하는 사람에 대한 사랑의 감정을 더 키워주는 것이다.

부모의 반대가 사랑에 빠진 자식의 마음을 흔들어서 흥분시키기도 하지만, 우리의 몸이 흔들릴 때에도 각성이 증가할 수 있다. 그 결과 내 눈앞에 있는 사랑스러운 대상에 대한 감정이 더 커질 수 있다. 캐나다의 브리티시 컬럼비아 주 노스밴쿠버에 있는 카필라노(Capillano) 강 위에는 유명한 흔들다리가 하나 있다. 폭은 1.5미터에 불과하지만 높이는 약 70미터에 달한다. 그리고 다리 아래에는 강물이 맹렬히 흐르고 있어서 사람들은 다리를 건너면서 엄청난 스릴을 경험한다고 한다.

도날드 듀톤(Donald Dutton)과 아더 애론(Arthur Aron)은 젊고 매력적인 여성으로 하여금 흔들다리를 건너오는 남자에게 짧은 설문조사를 부탁하도록 했다. 이 여성은 남자가 설문에 답하고 난 다음에 자신의 이름과 전화번호를 쪽지에 적어주면서 혹시 설문조사의 결과에 대해 궁금하면 나중에 자신에게 전화해도 된다고 알려주었다. 결과에 따르면, 대다수 남자가 전화번호가 적힌 쪽지를 받았고, 그중 절반 정도가 이 여성에게 전화한 것으로 나타났다. 흔들다리를 건너면서 증가했던 신체적 각성이 이성에 대한 감정을 키우게 한 것이다.

이 강에는 흔들다리 말고도 콘크리트로 만들어서 흔들리지 않고 안전한 다리가 있다고 한다. 똑같은 여성이 이 안전한 다리를 건너온 남자에게도 같은 방식으로 설문조사를 하고 전화번호를 주었지만 나중에 전화를 한 사람은 거의 없었다. 흔들다리를 건너지 않아서 신체적 각성에 변화가 없었던 상황에서 사람들은 자신의 감정에 대해 오판하지 않은 것이다. 물론 남자들이 흔들다리를 건너왔다고 하더라도 설문을 부탁하고 전화번호를 알려준 사람이 남성이었을 경우에는 전화해 온 사람이 없었다고 한다.

만약 로미오와 줄리엣의 사랑을 집안에서 반대하지 않았다면 어떻게 되었을까? 둘은 평생 행복하게 잘 살았을까? 연구들에 따르면, 젊은이들이 연인 관계를 지속하는 평균 시간은 약 2년 남짓이라고 한다. 처음에는 운명이라고 믿었던 사랑도 약 2년 정도의 시간이 지나면 대부분 자동으로 운명을 고하고 만다는 것이다.

자신의 목숨과도 바꿀 수 없을 것 같던 사람도 흥분이 사라진 상태에서 보면 그저 단점 많은 하나의 인간으로 보이기 때문이다. 마치 흔들리지 않는 콘크리트 다리를 건너온 사람의 눈으로 상대방을 보게 되는 것과 같다. 따라서 로미오와 줄리엣에게도 조금 더 시간이 주어졌다면 둘 중 하나 또는 둘 다 다른 운명적 사랑을 찾아 나섰을 가능성을 배제할 수 없다.

어르신 중에는 가끔 자신의 자녀가 당신들의 마음에 너무 안 드는 사람을 데려와서 결혼하겠다고 하는 통에 화를 참지 못하겠다고 하

시는 분들이 있다. 마치 연속극의 한 장면을 보는 것 같은 느낌이 들 때가 있는데, 자식들의 반응은 크게 두 가지로 나뉜다. 이른바 마마보이적인 성격을 가지고 있는 자식들은 부모가 화를 심하게 내면, 자신의 뜻을 수정하는 경우가 많다. 하지만 자아가 강하고 주관이 뚜렷한 자식들은 오히려 부모의 바람과는 반대로 행동할 가능성이 크다. 로미오와 줄리엣 효과가 나타나는 것이다.

그렇다면 당신의 하나뿐인 자식이 정말 결혼을 말리고 싶은 상대와 사랑에 빠져서 결혼하겠다고 하면 어떻게 해야 할까 통계를 믿고 행동하는 것이 좋다. 앞서 이야기했듯이 대부분의 연인 관계는 2년 이내에 종말을 고하게 된다. 따라서 상대에 사로잡힌 자식을 야단쳐 각성을 증가시켜서 자식으로 하여금 자신의 감정에 대해 오판하게 하는 것은 현명하지 못한 행동이다. 관계를 인정하되, 결혼은 몇 년 후에 하도록 설득하는 것이 좋다. 그렇게 되면 둘은 아마도 2년 이내에 서로 알아서 헤어지게 될 가능성이 크다.

만약 심리학자의 말만 믿고 2년 동안 기다렸음에도 둘이 헤어지기는커녕 더 사랑을 키워가고 있다면 어떻게 해야 하나? 그것은 아마도 두 사람이 진정으로 사랑하고 있고, 두 사람이 하나의 팀으로 잘 기능한다는 증거라고 볼 수 있다. 이 경우에는 2년 전에 한 부모의 판단이 오판이었을 가능성이 크다. 제대로 궁합이 맞는 상대를 찾은 자식의 결혼을 반대할 이유가 없다.

04
질투심
경보기의 작동원리

현직 해군 대령이자 우주왕복선 디스커버리 호에 승선했던 여성 우주 비행사인 노워크는 미국 항공우주국(NASA)에 근무하는 엘리트 중의 엘리트였다. 43세로 세 명의 자녀를 둔 주부이기도 했던 그녀는 2006년 7월 어느 날 최루 분무기, 쇠망치, BB총, 검은색 장갑, 약 10센티미터 정도의 날이 달린 접이식 칼 그리고 대형 쓰레기 봉투를 차에 싣고 반나절 동안 약 1,500킬로미터를 운전해서 올랜도 국제공항으로 향했다.

자정 무렵 짙은 색 가발과 안경, 트렌치코트로 위장한 그녀는 시프먼이라는 여성이 탑승한 항공기가 공항에 도착하기를 기다렸다가 그녀가 나오자 주차장까지 뒤를 밟았다. 그런데 누군가가 자신을 미행한다는 사실을 눈치 챈 시프먼이 재빨리 차에 올라타서 문을 잠가버렸다.

노워크는 창문을 두드리면서 문을 열라고 했지만, 거절당하자 벌어진 창문 틈으로 최루가스를 뿌렸다. 시프먼은 가까스로 차를 몰아 도망쳤고, 신고를 받은 경찰은 인근 버스 정류장의 쓰레기통에 물건을 버리던 노워크를 발견하고 바로 현장에서 체포했다.

노워크는 납치 미수와 1급 살인미수 혐의로 기소되었다. 그녀는 유죄가 인정되면 최대 무기징역까지 선고받게 될 상황에 처했다. 도대체 무엇이 세 자녀의 어머니이자 NASA에 근무하는 우주인으로서 주위 사람들로부터 부러움을 받는 삶을 살던 노워크를 납치와 살인미수 범죄자로 몰아갔을까?

질투심은 경고음

우주인을 범죄자로 만든 것은 질투심으로 드러났다. 사건 발생 2주 전에 남편과 별거에 들어갔던 노워크는 몇 달 전부터 디스커버리호의 우주인이었던 오펠레인 해군 중령을 흠모해왔다. 두 사람은 같이 훈련을 받은 적은 있지만, 디스커버리호에 함께 승선했던 적은 없었던 직장 동료 수준의 관계를 유지해오던 사이였다.

하지만 노워크는 이혼남이었던 오펠레인을 이미 자신의 마음 한가운데에 두고 있었다. 문제는 오펠레인이 시프먼에게 관심을 두면서 시작되었다. 오펠레인이 시프먼에게 사랑 고백을 담은 이메일을 보낸 것이다. 노워크는 이 이메일을 훔쳐보고 질투심에 사로잡혀서 시프먼을 향해 차를 몰고 간 것이다. 그녀의 차에서는 오펠레인이 시프먼에게 사랑 고백을 담아 보낸 이메일을 프린트한 종이가 발견되었다. 자신이 마음속으로 사랑하고 있던 사람의 마음을 훔친 여인에 대한 질투가 우주인의 이성을 마비시키고, 결국 어처구니없는 행동을 저지르게 한 것이다.

질투심이 사람의 눈을 멀게 해서 비이성적이고 부적절한 행동을 하도록 유도하기도 하지만, 진화심리학에 따르면, 질투심은 자신의 짝을 빼앗길 가능성이 있다는 것을 신호해주는 일종의 경고음이다. 따라서 질투심이라는 경고가 발령되면 사람들은 자신의 짝으로부터 연적을 떼어내기 위해 분주하게 움직인다.

자신의 배우자나 애인에게 화내고, 관심과 선물을 이용해서 상대의 마음을 돌려놓으려고 노력하고, 다양한 첨단 기기를 이용해 감시하고, 험담하거나 있지도 않은 소문을 내서 연적을 곤경에 빠뜨리기도 한다. 그래도 안 되면 질투심을 유발한 상대를 찾아가 폭력을 행사하기도 하고, 심지어는 아예 세상에서 없애버리려고 마음을 먹기도 하는 것이다.

질투심은 파트너를 지켜주는 나의 힘

질투심이 불러일으키는 다양한 행동들은, 그 방법이나 과정이 우아하건 치사하건 간에, 연적에게 자신의 짝을 빼앗기지 않을 가능성을 증가시키고, 그 결과 우리 안의 유전자의 생존에 유리하게 작용한다. 따라서 질투심을 느끼고 이 질투심 때문에 유발된 행동이 사회적으로 수용 가능한 것이라면, 질투심은 파트너를 지켜주는 나의 힘의 원천으로 기능할 수 있다.

만약 질투심을 느끼지 않는 일종의 태평 유전자를 가지고 있는 사람이 있다면, 이 사람은 자신의 파트너가 타인에게 관심을 보여도 질투심이 생기지 않을 것이다. 따라서 아무런 조치를 취하지 않게 되고, 그 결과 파트너를 빼앗길 가능성이 매우 크다.

짝이 없는 사람이 유전자를 후세에 전하기는 불가능하기 때문에 질투심을 느끼지 못하는 태평 유전자의 생존 가능성은 매우 낮다. 질투심에 힘겨워하는 자신의 모습 때문에 힘들고 실망스러울 때도 있지만, 질투심을 느낄 수 있다는 것은 생존에 유리한 유전자를 가지고 태어났다는 증거이기도 하다.

과도하게 민감한 경보장치

사랑을 얻기 위한 투쟁은, 진화심리학적 관점에서 보면, 자신의 유전자를 지키기 위한 투쟁이다. 그런데 우리의 유전자는 어떤 방식으로

(우아하게 또는 치사하게) 생존할지에는 큰 관심이 없는 것처럼 보인다. 어떻게든 생존하는 것만이 우리 안의 유전자의 유일한 존재 이유처럼 보인다.

문제는 유전자의 입장에서는 위험이 없음에도 경고음을 내는 것이 위험이 존재함에도 경고 신호를 보내지 않는 쪽보다 생존에 유리하기 때문에, 아주 작은 부정 의혹만 있어도 질투심이라는 경고음을 낸다는 것이다. 즉, 질투심은 과도할 만큼 민감하게 맞추어진 경보장치라는 것이다. 따라서 실제로는 특별한 문제가 없는 경우에도 경보장치가 울리게 되는 경우가 많다.

문제는 질투라는 경보음이, 특별한 문제가 없음에도 너무 자주, 그리고 너무 강하게 발령될 때 생긴다. 마치 집에 극도로 민감한 화재경보기를 달아놓은 것과 같은 상황에 부닥치게 되는 것이다. 예를 들어, 화재를 예방하기 위해서 달아놓은 연기감지 센서는 집에 불이 났을 때 발생하는 연기를 탐지해서 경보를 발령한다. 그런데 센서가 극도로 민감하면, 주방에서 요리할 때 나는 아주 작은 연기도 탐지해서 계속 경보를 울려댄다. 아무리 작은 연기에도 시끄럽게 경보음을 울리는 센서 덕분에 집에 불이 나는 것을 쉽게 막을 수 있지만, 문제는 시도 때도 없이 계속 울려대는 경보음 때문에 속에서는 열불이 난다는 것이다. 극도로 민감한 센서를 달고 일상생활을 영위할 수 없듯이, 질투심이라는 경보음에 스스로 너무 자주, 그

리고 너무 강하게 반응하면 파트너는 물론 자신을 곤경에 빠뜨리게 된다.

최악의 경우에는 연기가 나지 않았음에도 시도 때도 없이 경보음이 울리기도 한다. 상대방을 아무 이유도 없이 의심하게 되는 것인데, 경보장치가 완전히 고장 난 것이다. 의처증이나 의부증은 바로 질투심 경보장치가 망가졌다는 것을 보여주는 것이다. 관계를 보호하기 위해 만들어진 경보장치가 관계를 망가뜨리고 마는 아이러니가 발생하게 되는 것이다.

따라서 관계를 지속하기 위해서는 질투심이 생겼을 때, 질투할 만한 진짜 이유가 있는지 다시 한 번 확인해보아야 한다. 그리고 이유가 있다고 하더라도 질투심 때문에 나타난 자신의 행동이 적절한지에 대해 생각해볼 필요가 있다.

순간적으로 발생한 질투심에 즉각적으로 반응하게 되면 노워크의 사례처럼 돌이킬 수 없는 불행한 상황에 빠지게 될 가능성이 있기 때문이다. 당신이 느끼는 지금의 질투심은 극단적으로 민감하게 반응하도록 맞추어놓은 경보장치에서 나왔다는 것을 명심할 필요가 있다.

05

사랑을 확인하기 위해
쓰면 안 되는 방법

MBC 시트콤 〈지붕 뚫고 하이킥〉(이하 〈지붕킥〉)에서 지훈(최다니엘)은 진정으로 쿨한 성격이란 무엇인지를 보여주는 캐릭터로 등장한다. 자신이 사랑하는 정음(황정음)이 다른 남자들과 스킨십을 해도 전혀 질투심을 드러내지 않는다. 하지만 질투심도 일종의 사랑의 표시라고 생각하는 정음은 지훈에게 은근히, 그리고 가끔은 노골적으로 질투를 기대한다. 이런 정음에게 "그렇게 원하면 조만간 기회 봐서 질투 한번 해주겠다"라고 할 정도로 지훈은 쿨해 보인다.

그러던 어느 날(107회) 정음과 오래전부터 잘 알고 지내던 오빠라는 훈남 박지성(오상진 아나운서)이 등장한다. 박지성은 지훈 앞에서 자신은 아직도 정음에게 마음이 있으며, 골키퍼가 있어도 도전해보겠다고 자신의 의지를 드러낸다. 하지만 지훈은 이것이 모두 정음이 자신의 질투심을 유발하기 위해 만들어낸 작전이라고 생각하고 여전히 쿨한 반응으로 일관한다. 심지어 정음과 박지성이 친구 결혼식에 참석한 후 뒤풀이로 석모도라는 섬으로 남자 셋에 여자 셋이 쌍쌍으로 1박 2일 여행을 떠난다고 해도 흔쾌히 허락한다.

하지만 정음과 박지성은 실제로 석모도로 떠났고, 이것이 실제 상황이라는 것을 알게 된 지훈의 눈에서는 질투심의 불길이 타오른다. 그리고 눈에 쌍심지를 켜고 정음을 찾아가기 위해 고속도로를 질주한다. 석모도로 배가 들어가는 선착장에 도착한 지훈은 해가 저물어 섬으로 들어가는 배편이 끊겼다는 것을 알게 된다. 하지만 아무리 큰 비용을 치르더라도 배를 구해 석모도로 들어가려고 한다. 이때 선착장 매표소에 있던 아저씨가 한 방 날린다. "그렇게 쉽게 오갈 수 있으면 데이트 하는 남자들이 여자를 데리고 섬에 오나. 나도 우리 첫째 아이를 여기서 만들었지."

아저씨의 말을 듣고 지훈의 눈은 질투심으로 불타오른다. 지구 밖에서도 보일 정도로, 활활. 이 일화에서 흥미로웠던 것은 매표소에 있던 아저씨의 말이 지훈의 질투심에 결정타를 날렸다는 것이다. 아저씨의 말은 남자들이 석모도에 여자를 데리고 오는 이유가 성적인 접촉을 염두에 둔 것이고, 자신도 그런 경험이 있다는 것이었다.

자신의 파트너가 타인과 성적인 접촉을 가진다는 것을 상상하는 것은 모든 사람에게 강한 질투심을 불러일으키는 주요한 요인 중의 하나이다. 그런데 연구들에 따르면, 파트너의 성적인 배신에 대해 모든 사람이 같은 정도로 질투심을 느끼는 것은 아닌 것 같다. 자신이 다음의 두 상황에 부닥쳤다고 상상해보자.

첫 번째 상황은 당신의 연인이 다른 사람에게 깊은 감정을 키우고 있고, 그 사람과 사랑에 빠지게 되었음을 알게 된 것이다. 하지만 두 사람은 성관계를 갖지는 않은 것으로 드러났다.

두 번째 상황은 당신의 연인이 다른 사람과, 서로 사랑하지는 않지만, 격정적인 성관계를 맺었다는 사실을 알게 된 것이다. 둘 다 피하고 싶은 상황이지만, 사람들은 둘 중에서 어떤 상황에 부닥쳤을 때 더 불행하다고 느끼게 될까?

진화심리학자인 데이비드 버스(David Buss)에 따르면, 첫 번째 상황은 여성에게, 두 번째 상황은 남성에게 더 큰 고통을 안겨준다고 한다. 버스의 연구에 참여했던 남성 중에서 약 60퍼센트는 자신의 파트너가 성적인 배신을 했다고 생각했을 때 더 고통스러워했던 반면, 여성 참여자 중의 약 83퍼센트는 동반자의 감정적 배신에 더 크게 상처받는 것으로 나타났다.

실제로 남성들은 자신의 아내나 애인이 다른 남자와 육체적 관계를 맺는 것을 상상하기만 해도 심장 박동 수가 1분에 약 5회 이상 빨라진다고 한다. 이는 진한 커피를 세 잔 연속해서 마셨을 때 발생할 수 있는 신체적인 변화에 해당하는 것이다. 심장 박동 수가 증가함과 동시에 남성들의 얼굴은 붉어지고, 눈썹 위의 근육은 수축하고, 땀 분비가 늘어난다. 간단히 말하면, 과도한 스트레스 때문에 열 받고 흥분하게 된 것이다. 여성은 그와 반대로 남편이나 연인이 다른 여성과 사랑에 빠졌음을 상상했을 때 남성들에게서 관찰된 것과 유사한 스트레스 반응이 증가하는 것으로 나타났다.

남성들이 사회적으로 질투심을 표현하는 것은 남성답지 못한 것으로 간주되곤 한다. 질투심을 잘 표현하지 않는 것이 남자다운 것으로 해석되는 문화에서 남성들은 〈지붕킥〉의 지훈처럼 자신이 경험한 질투심을 겉으로 표현하는 것을 통제하는 경향이 있다. 그러므로 질투심을 드러내지 않는다는 것이 질투심을 느끼지 않았다는 것을 의미하지는 않는다.

연구들에 따르면 남성도 여성만큼 질투심을 느낀다고 한다. 질투심을 느끼는 정도에는 남성과 여성 간에 큰 차이가 없다. 하지만 남성과 여성에게 질투심을 불러일으키는 요인에는 차이가 있다. 이러한 질투심의 성별 차이는 우리나라를 포함해서 미국, 네덜란드, 일본, 짐바브웨, 독일 등 다양한 문화적 배경을 가진 국가에서 시행된 연구들에서 동일하게 발견된 것이다.

사랑을 확인하기 위해 사용하면 안 되는 것

문화적 배경과는 무관하게 질투심을 일으키는 요인에 성별 차이가 존재하는 이유에 대한 한 가지 설명은 진화심리학에서 찾을 수 있다. 진화적 관점에 따르면, 남성에게 파트너의 성적 배신은 자신의 파트너가 낳은 아이가 과연 자신의 유전자를 가지고 있을지에 대한 확신을 떨어뜨리게 하는 사건이다. 따라서 남성에게는 파트너가 다른 남성과 사랑의 감정을 나누는 것보다 성관계를 갖는 것이 더 강한 질투심을 불러일으키게 되는 것이다.

반면에 여성은 자신이 낳은 아이가 자신의 유전자를 가지고 있으리라는 것에 대해 100퍼센트 확신을 할 수 있다. 따라서 여성은 자신의 파트너가 다른 여성과 한 순간 불장난을 했을 때보다 다른 여성을 깊이 사랑하게 되어서 자신을 떠나버렸을 때, 자신의 유전자를 확실하게 가지고 있는 자식을 부양하는 일에서 더 큰 손실을 보게 된다. 그 결과, 여성은 파트너의 하룻밤 실수보다는 감정적 배신에 더 민감하게 반응하게 된다는 것이다. 따라서 남성은 파트너의 성적 외도를 쉽게 용서하지 못하고, 반대로 여성은 다른 여성에게 마음을 준 파트너를 용서하기가 쉽지 않은 것이다.

약 160개국을 대상으로 조사한 결과로는, 남자들이 제기한 이혼 사유 중 1위는 파트너의 성적인 부정행위였고, 남편이 아내를 살해한 이유 중 1위를 차지한 것도 성적 질투인 것으로 나타났다. 2001년

에는 미국 플로리다 주 마이애미에 거주하는 100세의 할아버지가 질투심 때문에 자신과 동거해 온 여자에게 휘발유를 끼얹은 사건도 일어났다. 휘발유에 불을 붙이는 데는 실패했지만, 100살이나 먹은 남성의 질투심에도 불은 아주 쉽게 붙을 수 있다는 것을 보여주는 사건이다.

　남성이 성적인 부분에 드러내는 질투심은 사람들이 생각하는 것보다 강하고, 남성의 질투심은 당사자의 이성을 쉽게 마비시킨다.

남자의 사랑을 확인하기 위해서 성적 질투심을 일으키는 것은 최악의 경우에는 치명적인 결과를 초래할 수도 있다.

2부

내 마음도
몰라주는

세
상

4장_ 차별, 18분 만에 결정되는 인생

5장_ 경쟁, 정신적 맷집을 키우는 방법

6장_ 소통, 감수왕과 페레스 총리에게 배우다

4장

차별, 18분 만에 결정되는 인생

01
경기 시작 18분 만에
결정되는 승부

10대, 인생이라는 야구경기의 1회

평균 수명이 점점 길어지고 있다. 현재의 10대들은 건강 관리를 꾸준히 하고 사고를 당할 확률을 줄이기 위해 노력한다면 아마도 평균 90세까지는 살 것이 확실해 보인다.

심지어 의학과 생명공학의 발달 덕분에 평균 수명이 120세가 되는 시대를 생각보다 이른 시점에 만나게 될 것이라는 전망도 나오고 있다. 대다수 동물은 신체가 성장하는 기간의 여섯 배 정도를 살 수 있다고 한다. 따라서 20세까지 신체적인 성장이 진행되는 인간은 그 여섯 배에 해당하는 120세까지 살 수 있다는 계산이 가능하다.

평균 수명을 90세라고 가정하면, 야구로 치면 인생이라는 게임은 승부가 9회까지 진행된다는 것을 의미한다. 야구는 1회에서 9회까지 경기를 하고, 9회까지 승부를 가리지 못하면 연장전에 돌입한다. 요즘 프로야구에서 연장전을 12회까지만 한다는 것을 고려하면, 야구 경기는 마치 인간의 수명을 토대로 경기 시간을 배정해놓은 것처럼 보인다.

야구뿐만이 아니다. 축구도 경기 시간이 전·후반 90분으로 정해져 있다. 보통은 90분이 되면 경기가 종료되지만, 토너먼트 경기에서는 90분 안에 승부가 결정되지 않으면 30분간의 연장전에 돌입하게 된다. 총 120분의 경기 시간이 주어지는 일도 있는 것이다. 공교롭게도 야구나 축구의 경기 시간이 요즘 10대들의 예측된 평균 수명 90세와 가설적인 최고 수명 120세에 맞아떨어진다.

인생을 야구 경기 시간에 대응해보면, 10대는 인생이라는 야구 경기에서 1회에 해당한다고 할 수 있다. 50대가 마무리되면, 야구 경기에서 5회가 끝나고 경기장을 한 번 정리하는 시간을 갖듯이, 지금까지의 인생을 은퇴나 다른 방식으로 한 번 정리하는 시간을 갖게 된다. 그리고 경기가 마지막 회를 향해 갈수록 마무리 투수가 등장할 시점이 가까워진다.

인생을 축구 경기에 비유하면, 대학생이 되기 위한 시험을 치르는 18세는 경기 시작 호루라기가 울린 후 18분이 경과한 시점에 해당한다. 보다 정확히 말하면, 18번째의 1분이 끝을 향해 달려가고 있는 시점에 해당된다. 45분의 전반전이 마무리되고 나면, 인생의 나머지 후반전이 기다리고 있는 것과 같다.

인생 역전은 어떻게 이루어지나

스포츠 경기를 한 편의 드라마로 표현하는 이유 중의 하나는 바로 극적인 역전승이 일어날 수 있기 때문이다. 패배가 분명해 보였던 팀이나 선수가 경기 막판에 승부를 뒤집는 역전승이야말로 사람들로 하여금 스포츠 경기에 빠져들게 하는 가장 큰 매력 중의 하나이다.

미국의 스포츠 전문 채널 ESPN은 2010년에 '월드컵 쇼크(World Cup Shocks)'라는 제목으로 역대 월드컵 경기 중에서 사람들에게 가장 충격을 주었던 10대 이변을 선정했다. 그중 하나가 바로 2002년 한·일 월드컵에서 벌어진 한국과 이탈리아의 16강전이었다.

대전 월드컵경기장에서 벌어졌던 당시 경기에서 한국은 이탈리아의 크리스티안 비에리에게 선제 헤딩골을 허용하며 0-1로 끌려갔다. 하지만 경기가 거의 끝날 무렵인 후반 43분쯤에 터진 설기현의 동점 골로 승부를 원점으로 돌렸다. 그리고 연장 후반, '반지의 제왕' 안정환의 골든골로 극적인 역전승을 거두며 8강 진출의 역사를 썼다.

당시 히딩크 감독의 전략이 많은 사람에게 회자되었다. 그는 후반전에 수비수들을 대거 빼고, 대신 공격수들을 투입했다. 많은 사람은 저러다 이탈리아에 대량 실점을 하면서 한국 축구가 큰 망신을 당할지도 모른다고 생각했지만, 히딩크의 생각은 달랐다. 그는 실점을 더 많이 해서 지는 것을 두려워하지 않았고, 득점을 통해 승리하기 위해 온 힘을 다했다.

역전승은 스포츠 경기에만 있는 것이 아니다. 인생에도 역전 승부가 존재한다. 가장 전형적인 인생 역전 스토리는 어려운 가정환경 속에서도 자신의 꿈을 성취하거나, 학창 시절 전혀 존재 가치가 없던 사람이 졸업 후에 사회적으로 큰 성공을 거두는 방식으로 나타난다.

이런 인생 역전 스토리의 종류가 다양하고 역전의 기회가 많은 사회일수록, 그 사회는 역전의 가능성을 믿고 온 힘을 다하는 사람들로 활력이 넘치게 된다. 하지만 우리 사회는 과거에 비해 이러한 역전승의 가능성이 크게 줄어들고 있는 것처럼 보인다. 개천에서 용이 날 확률이 점점 낮아지고 있는 것이다.

더 안타까운 것은 많은 젊은이가 역전승의 가능성을 애초에 포기하고 자신의 삶의 목표를 최소화하는 경향이 심해지고 있다는 것이다. 학벌이나 학력에 대한 차별이 심각한 사회에서 자기 인생에서 도달할 수 있는 한계를 매우 이른 시점에 스스로 규정하는 것이다.

대학생이 된 경우에도 자신이 들어간 대학의 사회적 통념에 기초한 서열을 토대로 자신의 인생에서 성취할 수 있는 목표를 제한한다. 좋게 표현하면 요즘 젊은이들이 현실적인 판단을 한다고 말할 수도 있지만, 이러한 인생에 대한 태도는 결국 인생 역전의 기회를 스스로 조기에 차단하는 부작용을 낳기도 한다.

2002년의 대한민국 축구 대표팀처럼 스포츠 경기에서 역전승하는 개인이나 팀들이 공통으로 가지고 있는 두 가지 심리적 특징이 있다. 하나는 자신들이 승부에서 이길 수 있다고 믿는 것이고, 또 다른 하나는 이길 수 있다고 믿기 때문에 포기하지 않고 마지막 순간까지 온 힘을 다하는 것이다. 인생도 마찬가지다. 인생 역전은 자신이 언젠가는 성공할 수 있다는 것에 대해 확신하고, 자신을 계속 좌절시키는 사회적 편견에 굴하지 않으며 끝까지 온 힘을 다하는 사람들에게만 주어지는 선물 같은 것이다.

'공정한 심판'은 우리가 만들어야 하는 것

최근 시행된 한 조사에서 우리나라 성인들은 학벌과 학력 차별을 우리 사회의 가장 심각한 차별이라고 생각하고 있는 것으로 나타났다. 그런데 우리 사회에서 학벌과 학력은 18세 전후에 결정되는 경우가 대부분이다. 즉, 대학 진학 여부에 따라 학력이 결정되고, 어느 대학에 들어갔느냐에 따라 학벌이 결정되는 것이다.

한번 정해진 학력과 학벌은 평생 개인을 따라다닌다. 극단적으로 말하면 90세 인생에서 18세 전후의 시기에 얼마나 시험 성적이 좋았느냐에 따라서, 그리고 대학 진학을 경제적으로 뒷받침할 수 있

는 부모가 있었느냐에 따라서, 어떤 사람은 남은 평생 학벌과 학력 차별의 피해자가 될 수 있고 반대로 다른 사람은 차별 사회의 혜택을 누릴 수도 있다.

야구 경기로 치면 1회, 축구로는 전반전 18분이 된 시점에서 점수가 높은 팀과 낮은 팀을 구분하고, 그다음부터는 심판이 점수가 높은 팀에게는 유리한 판정을 계속하고 점수가 낮은 팀에게는 불리한 판정을 9회 또는 90분 내내 지속하는 것과 같다. 이런 말도 안 되는 상황이 현실의 우리 사회에서는 너무나도 자연스럽게 벌어지고 있는 것인지도 모른다.

심지어는 차별적 판정의 피해자를 포함해서 대다수 관중이 이러한 심판의 판정에 큰 불만 없이 동조하고 있는 것처럼 보인다. 18세 전후의 시기에 온 힘을 다해 열심히 공부했고, 그래서 대입 시험에서 좋은 성적을 거뒀다는 것은 개인적으로 존중받을 만한 성취임이 분명하다. 하지만 90년 인생에서 이 시점의 성취만을 토대로 남은 인생 내내 어떤 차별이 가해진다면 이것은 명백한 반칙이다.

따라서 스포츠나 인생 모두에서 역전 승부가 가능하기 위해서 반드시 필요한 것 중의 하나는, 바로 공정한 심판의 존재이다. 그리고 공정한 심판은 저절로 주어지는 것이 아니고, 관중과 선수들이 가려내고 만들어내야 하는 존재이기도 하다.

02

'한국형 디알로' 죽이기

아프리카 기니에서 미국의 뉴욕에 이민 온 23살의 청년 아마도우 디알로(Amadou Diallo)는 좌판에서 비디오테이프·장갑·양말 같은 것을 팔았고, 남는 시간에는 대학에 입학하는 데 필요한 고등학교 학점을 따기 위해서 공부하고 있었다.

자기가 살던 아파트로 가고 있던 디알로가 근처에서 잠복근무 중이던 뉴욕경찰국(NYPD) 소속 경찰관 네 명의 눈에 띈 것은 1999년 2월 4일의 일이었다. 경찰은 디알로의 인상착의가 그 지역에서 약 1년 전에 벌어졌던 연쇄 강간 사건의 범인과 비슷하다고 생각하고, 자신의 아파트 현관으로 들어가던 디알로에게 멈추라고 외쳤다.

경찰의 소리를 들은 디알로는 신분증이 들어 있는 자신의 지갑을 꺼내기 위해 재킷으로 손을 가져갔다. 하지만 디알로의 삶은 그것으로 끝이었다. 네 명의 경찰관들은 한순간의 주저도 없이 바로 디알로에게 총을 발사했다. 모두 41발을 퍼부었고, 그중에서 19발은 디알로의 몸에 박혀서 아메리칸 드림을 꿈꾸던 검은색 피부의 청년을 그 자리에서 주검으로 만들어버렸다.

디알로는 당시 총기를 휴대하고 있지도 않았고, 과거에 범죄를 저질렀던 전력도 없었다. 단지 재킷에서 사각형의 검은색 지갑을 꺼내려고 했을 뿐이었다.

'아마도우 디알로' 사건은 상대방에 대해 가지고 있는 고정관념이나 편견이 어떤 비극을 낳을 수 있는지를 보여주는 극적인 사례로 자주 인용된다. 하지만 아직은 인종 간 갈등이나 경찰의 총기 사용 문제가 심각하지 않은 한국 사회에서는 일어날 가능성이 매우 낮은 사건처럼 보이기도 한다. 과연 그럴까?

대한민국의 '아마도우 디알로'들

"저……, 저한테는 질문 안 하셨는데요." 김광식 감독의 영화 〈내 깡패 같은 애인〉에서 면접을 보러 간 한세진(정유미)이, 면접관이 자기를 건너뛰고 다음 지원자에게 질문했을 때 어리둥절해하면서 했던 질문이다.

한세진의 이력서를 훑어본 면접관은 "시간이 별로 없어서, 다른 사람들 하고 나서 시간 남으면 그때 물어볼게요. 됐죠?"라고 답한다. 하지만 한세진에게는 결국 아무런 질문도 주어지지 않았고, 그녀는 면접에서 탈락하고 만다. 다음 회사 면접에서는 '손담비'의 〈토요일 밤에〉를 춤추면서 노래할 수 있느냐는 질문을 받았고, 면접관들은 그녀의 어색한 춤과 노래에 비웃음으로 답했다. 면접에서 한세진에게는 업무와 관련된 질문 자체가 주어지지 않은 것이다. 자신의 노력이 부질없다는 생각이 든 한세진은 청춘을 다 바쳐 키워왔던 모든 꿈을 포기하기 직전까지 간다.

한세진은 대학 4년간 성적 우수 장학금을 받았고, 토익 점수는 상위 3퍼센트 안에 들고, 석사학위와 관련 분야 자격증도 여러 개 가지고 있는 유능한 청년이었다. 그녀는 열심히 노력하면 성공할 수 있다는 '공정한 사회'에 대한 믿음을 가진 청년이기도 했다. 하지만 그녀가 여성이라는 것과 이력서에 새겨진 출신 대학이 서울 이외의 지역에 있다는 것 때문에 면접관들은 그녀의 희망에 차별의 총을 쏜 것이다.

우리 사회에서 '아마도우 디알로' 사건과 같은 일들은 이런 방식으로 일어난다. 이력서에 나와 있는 성별이나 대학의 지역적 위치와 같은 몇 가지 단서만을 가지고 지원자에게 자신의 능력을 발휘할 기회조차 제대로 주지 않는 것이다. 심지어는 몇 년간 밤을 새워가며 취업을 준비했던 지원자들을, 이미 내정된 사람을 뽑기 위해

서 들러리로 만들어 좌절시켜버리기도 한다.

'한국형 디알로'와 '미국형 디알로'는 각각의 사회가 실천하고 있는 편견과 차별의 치명적인 피해자라는 점에서 크게 다르지 않다. 단지 '미국형 디알로'가 즉각 물리적인 죽음에 이르렀던 반면, '한국형 디알로'들은 반복적으로 발생하는 좌절 때문에 서서히 심리적인 죽음에 다다르게 된다는 것이 다를 뿐이다.

한국형 디알로들의 학습된 무기력

마틴 셀리그만(Martin Seligman)의 학습된 무기력에 대한 연구는 한국형 디알로들이 겪게 되는 심리적인 죽음의 과정이 어떻게 일어나는지를 상상할 수 있게 해준다.

우리에 있는 개 한 마리를 생각해보자. 이 우리는 한가운데를 칸막이로 막아서 둘로 나누어져 있다. 하지만 마음만 먹으면 쉽게 우리의 한쪽 면에서 다른 쪽 면으로 뛰어넘어 갈 수 있게 만들어져 있다. 이 우리의 가장 큰 특징은 바닥에 전기 충격을 가할 수 있는 장치가 설치되어 있다는 것이다. 연구자가 원하면 두 면 중에 한쪽 면에 강한 전류를 흘려보낼 수 있게 한 것이다.

만약 한쪽 면에서 평화를 즐기고 있던 개에게 강한 전기 충격을 주면, 놀란 개는 바로 칸막이를 뛰어넘어 다른 쪽으로 이동한다. 문제는 개가 칸막이를 뛰어넘을 수 없도록 줄로 묶어놓을 때 발생한다. 줄에 묶인 상태에서 전기 충격을 주면, 처음에는 줄 때문에 칸막이를 뛰어넘을 수 없음에도 칸막이를 뛰어넘기 위해서 온 힘을 다한다. 하지만 아무리 발버둥을 쳐도 칸막이를 넘어갈 수 없다는 것을 깨닫는 순간 개는 더 이상 칸막이를 넘으려는 시도를 하지 않는다.

비극은 바로 이 순간부터 시작된다. 장애물을 뛰어넘으려는 노력이 헛수고라는 것이 명백해지면, 더는 전기 충격을 피하려 하지 않는다는 것이다. 마치 모든 것을 체념하고 전기 충격을 담담히 견디

겠다고 결심한 것처럼 보인다. 심지어 배를 깔고 엎드린 채로 전기 충격이 주어질 때마다 가끔 움찔거릴 뿐 일어서려고 하지도 않는다.

만약 이때 줄을 풀어주면 어떤 일이 벌어질까? 놀라운 것은, 이제는 줄이 풀려서 마음만 먹으면 칸막이를 뛰어넘어 전기 충격이 없는 안전한 곳으로 탈출할 수 있음에도 그런 시도를 하지 않는다는 것이다. 지속적인 좌절을 통해 무기력을 학습하게 된 것이다.

셀리그만에 따르면 사람들도 자신의 삶을 자신의 뜻과 노력에 따라서 통제할 수 없다는 무기력을 학습하게 되면, 우울증에 빠지게 된다고 한다. 우울증은, 우리가 너무 잘 알고 있듯이 청년 자살의 가장 중요한 원인으로 꼽히는 심리적 증상이다.

우리 사회가 '한국형 디알로'들을 겨냥해서 쏜 편견과 차별은 이들을 일차적으로 좌절과 무기력이라는 심리적 죽음에 이르게 하고, 종국에는 스스로 물리적 죽음을 향하게 하는 것이다.

청년 자살을 방지하기 위해 제시되고 있는 우리 사회의 대책들은 다수가 개인의 우울증을 치유하는 데 집중하고 있다. 물론 이미 무기력을 학습한 청춘들을 우울의 방에서 꺼내, 다시 세상에 뛰어나갈 수 있게 하는 것은 중요한 일이다.

하지만 사회가 적극 실천하고 있는 편견과 차별이 지속적으로 청춘들을 무기력하게 만들고 있는 상황에서, 청년 자살의 문제를 치료받아야 할 개인의 정신적 문제만으로 국한하는 것은 문제의 실질적인 해결에 도움이 되지 않는다. 청춘들을 우울의 방으로 몰아넣고 있는 우리 사회의 편견과 차별을 제거하기 위한 사회적·심리적 작업 없이는 청년 자살의 문제를 해결하기 위한 그 어떤 노력도 결국에는 학습된 무기력 상태에 빠지게 될 가능성이 크다.

03
특채보다
면접이 더 문제다

 신입사원이나 대학 신입생을 선발하는 과정에서 면접이 차지하는 비중이 과거보다 점점 늘어나는 흐름이다. 예전의 면접은 말 그대로 면접관과 지원자가 서로의 얼굴을 한번 보는 요식 행위 수준에 불과했었다.

 하지만 최근에는 면접 점수가 지원자의 평가에 실질적으로 반영되고, 심지어는 면접 결과가 당락을 좌우하기도 한다. 입학사정관제와 같은 대학 신입생 선발 방식에서는 면접 결과가 합격 여부에 거의 절대적인 영향을 미친다고 볼 수도 있다. 최근 들어 사법시험의 경우에도 그 어렵다는 1, 2차 필기시험을 통과하고도 최종 면접에서 고배를 마시는 사례들이 발생하고 있다. 10년 공부가 면접 때문에 이른바 '도로아미타불'이 되고 마는 것이다.

면접하는 이유

사람을 선발하는 과정에서 면접이 점점 강화되는 이유 가운데 하나는, 면접은 필기시험으로는 찾아내기 어려운 응시자의 다양한 잠재력이나 문제점을 발견할 수 있다는 장점이 있기 때문이다.

필기시험이 비슷한 능력을 갖추고 있는 균질적인 사람들을 선발하는 데 유용한 방법이지만, 면접은 최종 합격자들 간에 능력의 편차가 심해지더라도 소수의 특출한 능력을 갖추고 있는 사람을 선발하거나 잠재적으로 조직에 큰 문제를 일으킬 수 있는 사람을 걸러내는 데 효과적이다. 묻고 답하는 과정에서 창의성을 포함한 개인의 다양한 능력과 심리적 문제의 실마리들을 발견할 수 있기 때문이다.

하지만 문제는 면접에서 지원자의 잠재력과 문제를 판단하는 면접관이 바로 사람이라는 데 있다. 사람들은 자신이 가지고 있는 고정관념이나 편견에 의해 쉽게 영향받을 수 있는 존재이기 때문이다. 아예 특정인을 뽑겠다는 생각을 갖고 하는 면접은 말할 것도 없고, 공정한 판단을 위해 노력하는 면접관들조차 자신이 가지고 있는 고정관념과 편견의 영향으로부터 자유로운 판단을 하기는 쉽지 않다.

사람들이 상대방의 얼굴을 바라보면서 판단을 할 때는 그들이 가지고 있는 기대가 최종 의사 결정에 영향을 미칠 가능성이 매우 커진다. 사람들은 아주 작은 단서를 통해 타인에 대한 기대를 형성하고, 이러한 기대에 기초해서 상대방에게 어떤 태도나 행동을 취할지를 거의 자동적으로 결정한다. 외모, 성별, 나이, 출신 지역, 출신 대학 등과 같은 단서를 통해 지원자의 인간성이나 능력이 어떠할 것이라는 기대를 형성하고, 이러한 자신의 기대를 토대로 지원자를 평가하게 된다.

주관식 시험이 주관식이라 불리는 진짜 이유

면접이 고정관념이나 편견에 오염되기 쉬운 더 큰 이유는 그것이 일종의 주관식 시험이기 때문이다. 일반적으로 주관식 시험은 지원자가 자신의 주관에 기초해서 주어진 질문에 대해 답을 하는 시험 방식이기 때문에 '주관식'이라는 이름이 붙었다고 생각하는 사람들이 많다. 하지만 사실 주관식 시험의 핵심은 시험을 채점하는 사람의 주관에 따라 점수를 다르게 줄 수 있다는 데 있다.

객관식 시험은 답이 정해져 있기 때문에 시험을 보는 사람이나 채점하는 사람이나 무엇이 정답이냐에 대한 동의가 있게 마련이다. 따라서 우리가 흔히 주관식 단답형이라고 부르는 대부분의 시험도 객관적인 답이 정해져 있기 때문에 실제로는 객관식 시험이다.

예를 들어, "대한민국의 수도는 어디인가요?"라는 질문은 객관식

문제이다. 이 질문에 대해 사지선다형 답안을 만들든, 답을 직접 쓰게 하거나 말하게 하든 간에 정답은 정해져 있고, 정답을 맞힌 사람은 모두 같은 점수를 얻을 수 있다. 따라서 객관식 시험은 응시자의 성적이 채점자의 주관과는 무관하게 결정된다.

하지만 "대한민국의 수도로 가장 적합한 도시는 어디인가요?"라는 질문에 대해 도시 이름만 단답형으로 쓰거나 말하게 하더라도, 이것은 주관식 문제가 된다. '서울'이라고 답한 사람에게 어떤 채점자는 만점을 줄 수도 있지만, 대한민국 수도로 서울 이외의 도시가 적합하다는 생각이 있는 채점자에게 '서울'이라는 답으로는 높은 점수를 받기 어려울 수도 있다.

주관식 시험은 지원자가 자신의 주관에 기초해서 답을 할 수 있는 자유는 있지만, 그 답에 어떤 점수를 줄지는 채점자의 주관이 결정하는 것이다. 채점자의 주관이 지원자의 답에 대한 점수를 결정하기 때문에 주관식 시험인 것이다. 따라서 주관식 시험은 채점자나 면접자의 주관이 평가에 영향을 미치는 것을 공식적으로 허용하고 있는 제도인 셈이다.

그런데 문제는 면접관이 가지고 있는 고정관념과 편견이 의식적으로나 무의식적으로 면접관 자신의 주관을 구성한다는 것이다. 따라서 인간이 하는 면접은, 누가 하느냐에 따라 정도의 차이는 있을 수 있지만, 거의 모두 고정관념이나 편견에 오염되기 쉬운 선발 방식이다.

특채보다 면접이 더 큰 문제인 이유

요즘 논란이 되고 있는 특채 문제는 사실 특채 자체의 문제라기보다는 특채라는 명분으로 면접의 비중을 대폭 높였기 때문에 발생한 것이라고 볼 수 있다. 면접 비중이 높다는 것은 고정관념이나 편견을 포함한 면접자의 주관이 선발에 영향을 미칠 수 있는 여지가 그만큼 커졌다는 것을 의미한다. 동시에 의도적으로 왜곡하기가 더 쉬워졌다는 것을 의미하기도 한다.

공채라 하더라도 면접의 비중이 높아지면 높아질수록 사회적 고정관념이나 편견이 지원자의 당락에 영향을 미칠 가능성은 커질 수밖에 없다. 그렇다면, 응시자의 잠재력을 발견할 수 있다는 면접의 장점은 살리면서 고정관념이나 편견이 평가에 개입될 가능성을 줄이는 방법은 없을까?

한 가지 방법은 면접을 통해서 파악하고자 하는 능력 이외의 지원자와 관련된 다른 정보는 가능한 한 면접관에게 전달되지 않도록 통제하는 것이다. 예를 들어 나이, 출신 지역, 출신 학교에서 시작해서 고정관념이나 편견을 활성화할 만한 정보는 제공하지도 말고 질문할 수도 없게 제도화하는 것이다. 만약 창의적인 인재를 뽑고자 한다면 지원자의 창의성과 관련된 차원의 정보만이 면접관에게 전달되게 하는 것이다.

면접관을 포함해서 사람들은 일반적으로 자신들은 판단에 적절한 정보와 부적절한 정보를 잘 구분해낼 수 있다고 자신하는 경향이 있다. 따라서 자신들이 판단해야 할 대상에 대한 정보를 많이 가지고 있으면 있을수록 더 좋은 선택을 할 수 있다고 믿는 것이다.

하지만 안타깝게도 이러한 기대와는 반대로 사람들은 자신의 판단과 의사 결정에 도움이 되는 가치가 있는 정보와 편파나 오류를 일으킬 수 있는 부적절한 정보를 구분해내는 데 무척이나 서툴다. 그 결과 고정관념이나 편견을 활성화할 수 있는 정보에 많이 노출되면 될수록 잘못된 선택을 할 가능성은 그만큼 더 커지게 된다.

04
"다 정부가 잘못해서 그런 거야!"

"그래도 우리나라 백수 애들은 착혀. 거 테레비에서 보니까 그 프랑스 백수 애들은 일자리 달라고 다 때려 부수고 개지랄을 떨던데. 우리나라 백수들은 다 지 탓인 줄 알아요. 응? 지가 못나서 그런 줄 알고. 아유, 새끼들 착한 건지 멍청한 건지. 다 정부가 잘못해서 그런 건데."

영화 〈내 깡패 같은 애인〉에서 삼류 깡패 동철(박중훈)이 라면 가게에서 우연히 마주친 아직도 취직 못한 '옆집 여자' 세진(정유미)에게 건넨 말이다. 과연 세진이 취직을 못 한 이유는 세진이 못났기 때문일까, 아니면 정부가 잘못했기 때문일까?

원인을 찾는 사람들

사람들은 거의 자동적으로 자신이나 다른 사람에게 일어난 사건이나 행동의 진정한 원인이 무엇인지 찾는 경향이 있다. 이러한 과정을 심리학에서는 '귀인(歸因)'이라고 한다. 원인을 어디로 돌릴지 판단하는 과정이다. 사람들이 귀인을 하는 방식은 크게 두 가지로 나눌 수 있다.

하나는 능력이나 노력과 같은 개인의 내적 요인에서 원인을 찾는 것이고(내부 귀인), 다른 하나는 상황이나 환경 등과 같은 개인 외부의 요인에서 원인을 찾는 것이다(외부 귀인). 예를 들어, 시험 성적이 나쁜 이유를 자신의 능력이 부족하기 때문이라고 생각하는 사람은 자신의 실패를 내부 귀인하는 것이지만, 시험 문제가 나빴기 때문에 성적이 나오지 않았다고 생각하는 사람은 출제자라는 외부 요인에 자신의 실패를 귀인하는 것이다.

귀인의 문화차

귀인에 대한 심리학 연구들에서 발견된 흥미로운 사실 가운데 하나는 바로 〈내 깡패 같은 애인〉에 나오는 동철이의 주장처럼 귀인 방식이 국가나 문화에 따라 상당히 다르다는 것이다. 우리나라 사람들은 자신에게 일어난 부정적 사건의 책임이 자신에게 있다고 생각하는 경향이 강하다.

물론 개인차가 존재하기는 하지만, 동철이의 말처럼, 취직하지 못하는 것이 자신의 능력 또는 노력 부족 때문이라고 생각하는 사람들이 많다. 이에 반해 서양 사람들은 자신의 실패를 자기 외부에서 찾는 경향이 강하다. 자신의 삶이 곤경에 처하게 된 이유가 정부 정책의 실패나 세계 경기의 불황과 같은 상황적 요인 때문이라고 생각하는 사람들이 상대적으로 많은 것이다.

사람들이 자신의 실패를 어떻게 귀인하느냐는 행복을 포함한 개인의 감정과 태도 그리고 이후의 행동에 큰 영향을 미친다. 그렇다면 어떤 방식으로 귀인을 하는 것이 좋을까?

히딩크의 충고

2002년 월드컵에서 대한민국 대표팀이 이탈리아와 스페인을 차례로 격파하고 월드컵 4강 진출의 신화를 만들었을 때, 이탈리아와 스페인 팀은 편파 판정 때문에 자신들이 억울하게 졌다고 집요하게 주장했다. 자신들의 실패를 자신들의 실력이나 노력 부족 때문이 아니라 심판의 편파 판정이라는 외적 요인에 귀인한 것이다. 심판의 편파 판정이라는 자신들이 통제하기에는 거의 불가능한 요인에 패배를 귀인하면 실패에 대한 책임감을 쉽게 덜어낼 수 있다. 또한 심판 때문에 졌다고 귀인하는 것은 자신들의 실력이나 노력에는 문제가 없었다는 것을 의미하는 것이기도 하다. 따라서 이러한 외부 귀인은 패배 때문

에 상처받은 자존감을 회복시키는 데 도움을 준다.

하지만 실패의 원인을 외부에서 찾으려는 노력은 자존감을 지키는 데에는 도움이 되지만, 자기 발전에는 크게 도움이 되지 않는다. 당시 히딩크 감독은 계속해서 편파 판정의 문제를 이슈화하던 이들에게 이렇게 한마디 했다. "지게 되면 집에 가야 한다. 집에 가서 거울을 보고 오늘 우리가 왜 결정적인 기회를 골로 연결하지 못했는지에 대해 반성해야 한다." 히딩크의 발언은 편파 판정의 시비를 거는 사람들에게 일침을 가하기 위한 것이기도 했지만, 어떤 귀인 양식이 개인의 성장에 도움을 줄 수 있는가에 대한 답을 제공하는 것이기도 하다.

심판의 판정이라는 변화시키기 어렵고 변화에 상당한 시간이 걸리는 외부 상황보다는 골 결정력이라는 개인 스스로 변화시킬 수 있고 통제 가능한 자신의 내부에서 실패의 원인을 찾고, 그것을 극복하기 위해서 자신을 더 강하게 단련하는 사람이 다음 게임에서 승리할 가능성이 큰 것이다. 그렇게 본다면 실패의 원인을 자기 내부에서 찾는 우리나라 사람들의 사고방식은 자신을 단련하고 발전시키는 데 긍정적으로 기여하는 귀인 양식이라고 할 수 있을 것이다.

따라서 한국 선수들을 지도했던 외국인 지도자들이 공통으로 언급하는 한국 선수들의 장점 가운데 하나가 바로 이러한 삶의 태도라는 것은 놀라운 일이 아니다. 그렇다면, 실패의 원인을 자신에게서 찾는 귀인 양식은 늘 우리의 발전에 도움을 주는 것일까?

청년자살과 귀인

얼마 전 발표된 통계로는 지난 한 해 동안 1만 5,413명이 자살했다고 한다. 하루 평균으로 따지면 약 42명이 자살로 사망한 것이다. 1999년 7,056명이던 것에 비하면 두 배 이상 증가한 것이고, 작년 1만 2,858명에 비해서도 19.9퍼센트나 증가한 수치라고 한다. 경제

협력개발기구(OECD)의 표준 인구 기준으로 환산한 자살 사망률(인구 10만 명당 자살자 수)은 28.4명으로, OECD 회원국 가운데 자살률이 가장 낮았던 그리스(2.6명)보다 10배 이상 높은 것으로 나타났다. 우리나라는 2003년 이후 OECD 회원국 가운데 자살 사망률 부분에서 계속 1위를 차지하고 있다고 한다. 특히 20대의 사망 원인 중 자살이 차지하는 비율은 무려 40.7퍼센트였고, 30대도 28.7퍼센트로 가장 많은 사망 원인을 자살이 차지했다. 이들의 자살 동기는 염세나 비관이 가장 많은 것으로 나타났다. 도대체 무엇이 20~30대의 청년들을 자살로 몰아가는 것일까?

〈내 깡패 같은 애인〉의 세진은 능력과 노력 면에서 모자랄 것이 없음에도 그녀에게는 면접을 제대로 볼 기회조차 제공되지 않는다. 그녀에게 취업 원서를 낸다는 것은 한 번 더 좌절을 맛보기로 결심하는 것과 크게 다르지 않다. 그리고 이러한 상황은 개선의 여지를 보여주지 않고 매번 반복되기만 한다.

이럴 때 실패를 외부 상황이 아닌 개인의 능력이나 노력 부족과 같은 내적 요인에 귀인하는 것은 당사자의 자존감을 고갈시켜버리고 수치심을 증가시킨다. 수치심은 자살 시도를 증가시키는 주요 감정 중의 하나이다. 따라서 세진이 처한 것과 같은 상황에서 실패에 대한 내부 귀인은 자기 발전의 동력으로 작용하는 것이 아니라 자기 파괴의 안내자가 될 가능성이 크다.

청년 자살에는 다양한 원인이 존재할 것임이 분명하지만, 청년들로 하여금 실패를 개인의 무능과 노력 부족에 스스로 내적 귀인 하도록 유도하는 우리 문화도 청년 자살의 급증에 기여했을 가능성이 크다. 지금처럼 개인의 노력이 너무나도 쉽게 좌절되는 시절에는 〈내 깡패 같은 애인〉의 삼류 깡패 동철의 귀인 방식이 삶의 끈을 놓지 않는 힘을 줄 수도 있다.

배우 박중훈의 목소리로 들어야 제맛이지만 대사는 이렇다. "야, 너도 너 욕하고 그러지 마. 취직 안 된다고. 응? 네 탓이 아니니까. 당당하게 살어. 힘내, 씨발."

05
'묻지 마' 살인사건이 늘어나는 이유

칼로 격투하는 게임인 '블레이블루(BLAZBLUE)'를 밤새워 하던 20대 남성이 오전 6시경에 자신의 집 부엌으로 가서 식칼을 들고 밖으로 나갔다. 그는 게임을 하던 도중에 "제일 처음 본 사람을 죽이겠다"는 생각이 들었다고 한다.

집 밖으로 나선 그의 눈에 제일 먼저 띈 사람은 바로 K씨였고, 그는 실제로 K씨의 등과 허벅지를 자신의 칼로 찔렀다. 얼굴도 모르는 사람의 칼에 이유도 듣지 못한 채 찔린 K씨는 약 200미터 가량 필사적으로 도망쳤다. 하지만 이 남성은 도망치는 K씨를 뒤쫓아 가면서 계속 칼을 휘둘러댔다. K씨는 한 성당 앞 인도에서 피범벅이 된 채로 발견되어 병원으로 이송됐다. 하지만 K씨는 과다출혈로 결국 사망하고 말았다.

이 사건은 악마적 인간이 주인공으로 등장하는 할리우드 영화의 한 장면이 아니다. 바로 우리가 사는 대한민국의 중심부에서 실시간으로 벌어진 사건이다. 2010년 12월 5일 오전 6시 30분경에 서울 서초구 잠원동에서 벌어진 이 사건의 용의자는 미국의 명문대학에 유학했다가 1년 전에 학교를 중퇴하고 귀국했다는 P씨다. 그는 귀국 이후에는 외출도 하지 않고 집에서 하루에 5~6시간씩 게임에만 몰입했던 것으로 알려졌다.

아직 법원의 판결이 나지 않은 사건이지만, 이 사건이 던져 준 충격의 정도는 우리가 일상생활에서 쉽게 접하는 오락 중의 하나인 폭력물이 사람의 행동에 미치는 영향에 대해 다시 한 번 생각하게 하기에 충분하다. 게임, 영화, 텔레비전을 통해 우리가 소비하고 경험하는 폭력은 과연 사람들을 더 공격적으로 만드는 것인가?

프로이트의 수조모형

이러한 질문에 대한 가장 오래된, 하지만 아직도 많은 사람에게 받아들여지는, 설명 중의 하나는 프로이트의 수조모형이다. 공격성을 타인에게 표출하는 것은, 전쟁 같은 특정한 상황을 제외하고는, 대부분 사회에서 적극 억제하고 금기시하는 행동이다. 따라서 사람들은 자신이 가지고 있는 공격적인 충동을 억압하게 된다. 하지만 억압된 공격적 욕구는 완전히 사라지지 않고 우리의 무의식 속에 차곡차곡 쌓이게 된다. 문제는 억압된 공격성을 무제한으로 쌓아둘 만큼 폭력적 충동을 담아두는 공간이 충분히 크지 못하다는 것이다.

프로이트는 이를 우리 마음속에 있는 수조에 비유했다. 수조에 물을 부으면 한동안 수조에 물이 차오르다가 어느 순간 물이 꽉 차고, 결국에는 물이 넘쳐흐르게 된다. 이와 마찬가지로, 우리의 무의식에는 공격적인 충동을 담아두는 수조가 있는데, 공격성을 계속 억압하게 되면 어느 순간 수조가 모두 수용할 수 없는 정도로 충동이 쌓이게 되고, 결국 감당할 수 없는 공격성이 폭발하게 된다는 것이다. 그렇다면 억압된 공격성이 폭발하는 것을 막을 방법은 없을까?

프로이트는, 수조가 완전히 차오르기 전에 수조에서 물을 조금씩 빼주면 물이 넘쳐흐르는 것을 막을 수 있듯이, 억압된 공격성이 폭발해서 문제를 일으키기 전에 사회적으로 수용 가능한 방식으로 공격성을 조금씩 표출할 수 있도록 허용하면 된다고 가정한다. 스포츠 활동과 같은 사회적으로 허용된 방식으로 억압된 공격성을 표출할 수 있도록 유도함으로써 공격성이 폭발해 사회적인 문제를 일으킬 가능성을 줄일 수 있다는 것이다.

폭력적인 영화나 텔레비전 드라마를 보는 것도 한 가지 방법이 될 수 있다고 한다. 폭력물의 주인공을 통해서 자신이 가지고 있던 억압된 공격성을 표출하면, 억눌렸던 공격성이 폭발해서 옆 사람에게

칼을 휘두를 가능성은 많이 줄어든다는 것이다.

자신이 가지고 있던 공격적인 충동을 폭력적인 게임의 주인공을 이용해서 게임 속의 적의 역할을 맡은 캐릭터에게 표출하는 것은 사실 그 누구에게도 실제적인 피해를 주지 않는다. 상당히 설득력이 있는 모형이 아닐 수 없다. 하지만 문제는 스포츠 활동은 프로이트 수조모형의 가정을 지지하는 사례지만, 폭력물은 그렇지 못하다는 것이다.

'묻지 마' 범죄가 늘어나는 이유

폭력물에 대한 노출빈도와 공격적 행동의 관계에 대해서는 아주 오랜 기간에 걸쳐 수많은 연구가 수행되었다. 이런 연구들은 다양한 결과를 보고하였지만, 대다수 연구자가 동의하는 하나의 결론은 폭력물에 노출되는 빈도가 증가하면 할수록 공격적인 행동을 표출할 가능성은, 프로이트의 주장처럼 감소하기보다는, 오히려 증가한다는 것이다.

폭력물이 공격 행동을 증가시키는 이유 중의 하나는 경작 효과에서 찾을 수 있다. 폭력물에 노출되는 빈도가 증가할수록 사람들은 자신의 마음속에 폭력을 사용하는 것이 크게 문제가 될 게 없는, 아주 자연스러운 행동이라는 생각을 키워나갈 가능성이 커진다는 것이다.

　문제를 해결하기 위해서 폭력을 행사하는 것이 주위에서 일상적으로 일어나는 일이라고 생각하고, 자신이 사는 사회에서는 폭력적인 행동이 쉽게 허용된다는 잘못된 생각 또는 착각의 씨앗이 마음속에서 자라게 되는 것이다.
　최악의 경우에는 현실세계에서 허용되는 공격성의 수준과 게임이나 영화에서 허용되는 공격성의 수준을 구분할 수 있는 능력을 일시적으로 상실할 수도 있다. 대부분의 사람이 자신이 속한 사회의 규범을 지키면서 살 수 있는 이유는 다른 사람들과의 사회적 상호작용을 통해서 사회적 규범을 지속적으로 점검할 수 있기 때문이다.

따라서 타인과의 사회적 상호작용이 중단돼서 현실 규범을 재확인할 기회가 사라지면, 현실 규범이 행동을 통제할 힘은 급격히 약화된다. 이런 상황에서 폭력물에 노출되면, 폭력물에서 제시한 폭력 사용의 규범이 현실의 규범을 대체하게 될 가능성이 높아지는 것이다. 즉, 다른 사람들과의 사회적 상호작용을 통해서 폭력물의 규범과 현실 규범의 차이를 변별할 기회를 갖지 못하면, 폭력물에서 본 폭력사용의 규범이 현실에서도 적용된다고 착각하는 환상을 경험할 수도 있다. 그 결과, 컴퓨터 게임에서 칼로 상대를 찌를 때 적용되는 규범을 현실세계에 적용해서 살아 있는 사람을 진짜 칼로 찌르는 돌이킬 수 없는 범죄를 저지르게 되는 것이다.

여기서 우리가 주목해야 할 것은 잠원동 살인사건처럼 무작위로 선택한 대상에게 공격을 가하는 소위 '묻지 마' 범죄를 저지른 사람들의 특징 중 하나는 이들이 상당 기간 직장이 없는 상태로 생활해 온 남성들이라는 점이다.

직장은 우리에게 경제적 활동의 기회를 제공하지만 동시에 다른 사람들과의 사회적 상호작용의 기회를 제공하는 역할을 한다. 따라서 일할 기회를 박탈당하면, 경제적으로 타격을 받지만 동시에 사회적 상호작용의 기회가 급격히 감소하게 된다. 생활비를 가족에게 의존할 수 있는 사람들은 미취업이나 실업이 일으키는 문제가 경제적인 측면보다는 다른 사람들과의 상호작용 기회를 박탈당한다는 측면에서 더 심각하게 나타날 수 있다.

특히, 주로 직장과 그 직장에서의 직위를 통해서 자신의 정체성과 인간관계를 유지하는 우리 사회 남성들에게 직장이 없다는 사실은, 가족을 제외하면, 사회적 상호작용의 기회가 거의 사라졌다는 것을 의미할 가능성이 높다. 따라서 직장이 없다는 사실이 사회적 고립과 상호작용 기회의 감소를 일으킬 가능성은 여성보다 남성에게서 더 크게 나타난다. 사회적 차원에서 집단 따돌림을 당하는 수준에 해당하는 사회 심리적 충격이 가해지는 것이다.

일하기를 원하지만 일할 수 없는 상황은 좌절과 사회적 고립을 가져온다. 좌절은 분노를 일으키고, 사회적 고립으로 현실 규범을 재확인할 기회는 점점 줄어들게 된다. 분노와 현실 검증력 상실이 결합하면 이제 '묻지 마' 범죄를 저지르기 위한 기본 요건이 갖춰지는 것이다. 따라서 실업문제의 해결은 사회의 안전을 위해서도 매우 절실한 것이다. 특히, 청년실업 문제를 그냥 방치한 채로 내버려두는 것은 미래의 '묻지 마' 범죄를 사회적으로 예약하는 것이나 마찬가지이다.

폭력물과 범죄 간의 관계

대중매체에 등장하는 폭력물과 범죄 간의 관계에 대한 논쟁이 벌어질 때마다 논란의 핵심을 차지하는 주제는 '과연 폭력물과 범죄 간에

인과관계가 존재하는가'에 대한 것이다. 짧게 정리하면, 어떤 개인이 특정 폭력물에 노출되었기 때문에 특정한 범죄를 저질렀는지를 파악할 수 있는 방법은 아직은 없다.

어떤 사람이 범죄를 저지르기 직전에 폭력적이고 잔인한 영화를 봤다고 해서 해당 영화의 시청이 범죄를 저지르게 하였다고 결론지을 수는 없다. 왜냐하면 그 영화를 본 모든 사람이 범죄를 저지른 것도 아니고, 다른 영화를 본 사람 중에서도 범죄를 저지른 사람이 있고, 마지막으로 범죄자의 다른 특성(예, 좌절에 의한 분노)이 폭력 영화를 보고 싶게 만들고 동시에 범죄를 저지르게 한 제 3의 원인일 수도 있기 때문이다. 따라서 잠원동 살인사건의 용의자인 P씨가 블레이블루라는 게임을 했기 때문에 K씨를 칼로 찔렀다는 인과관계를 입증할 수는 없다.

하지만 특정 폭력물과 특정 범죄 간의 인과관계를 입증하지 못한다는 것이 폭력물에 노출되는 것이 안전하다는 것을 의미하는 것은 아니다. 현재까지 수행된 수많은 연구는 폭력적인 내용을 담고 있는 게임, 영화, 그리고 드라마에 지속적으로 노출된 사람들은 그렇지 않은 사람들보다, 폭력성을 드러낼 기회가 주어지면 폭력적으로 행동하고 심지어 범죄를 저지를 확률도 높다는 것을 분명히 보여준다. 단지 특정한 사례의 경우에 특정 폭력물과 특정 범죄 간의 인과관계를 입증할 방법이 아직 존재하지 않을 뿐이다.

5장

경쟁,
정신적 맷집을 키우는 방법

01
'다수'라는 명찰을 달기 위해
인생을 낭비하는 사람들

"Your time is limited, so don't waste it living someone else's life."

"당신에게 주어진 시간은 한정되어 있으니, 다른 사람의 삶을 사느라 시간을 허비하지 마라"라는 이 말은 얼마 전 세상을 떠난 스티브 잡스(Steve Jobs)가 지난 2005년 6월 12일 미국 스탠퍼드 대학교 졸업식 축사에서 했던 말이다.

그는 이 말에 덧붙여 다른 사람들이 만들어놓은 생각대로 사는 도그마의 덫에 빠지지 말고, 다른 사람들의 의견이라는 소음이 자신의 내면의 소리를 잠식하지 못하도록 하라고 충고했다. 그리고 가장 중요한 말이라면서, 자기 자신의 마음과 직관을 따르는 용기를 가지라고 격려했다.

우리는 대다수 사람이 성공적인 삶이라고 생각하는 삶을 살기 위해 하루하루 전력을 다한다. 좋은 대학, 좋은 직장, 좋은 배우자의 기준은 정해져 있고, 개인의 능력은 이 기준에 얼마나 가까운 삶을 선택할 수 있느냐에 따라 결정되곤 한다. 기준은 이미 확고하게 정해져 있고, 개인은 기준을 변화시키거나 새로 만들 수 없는 것처럼 보인다.

우리 속 원숭이들이 만들어낸 '규범'

놀라운 것은, 이런 조건에서 삶을 영위하는 것이 실제로 하루하루를 생활하는 사람들에게는 크게 힘들게 느껴지지 않는다는 것이다. 숨막히는 것이 당연해 보이는 상황이지만, 대다수가 같은 기준에 따라 삶을 영위하고 있는 사회에서 이런 기준의 존재는 마치 공기처럼 자연스럽다. 심지어는 자신의 판단과 의사 결정이 대다수가 암묵적으로 동의하고 있는 이런 기준에 따라 이루어지고 있다는 사실을 의식적으로 자각하기도 쉽지 않다.

다른 사람의 생각에 맞춰 자기 인생의 소중한 시간을 소모하는 것은 안타까운 일이다. 하지만 이것은 현실에서 우리 대다수가 아무런 불편함을 느끼지 못하면서 채택하고 있는 삶의 방식임이 분명하다. 그렇다면, 왜 사람들은 자신이 정하지도 않은 기준을 받아들이고, 그 기준에 가까운 삶을 살기 위해 노력하는 것일까?

잡스의 축사를 들었을 때 갑자기 생각난 것이 베르나르 베르베르의 〈상상력 사전〉에 나오는 '침팬지들을 상대로 한 실험'이라는 이야기였다. 나중에 원작을 확인해보니 기억과는 좀 달랐다. 원작에서 약간 각색된 상태로 저장된 내 기억 속의 이야기는 이랬다. 우선 이야기의 주인공들은 원숭이였다.

'원숭이 다섯 마리를 한 우리에 집어넣는다. 우리의 천장에는 바나나가 매달려 있고, 그 아래에는 사다리가 놓여 있다. 원숭이 한 마리가 바나나를 따 먹기 위해 사다리를 올라가면, 천장에서 찬물이 쏟아져서 모두가 찬물을 뒤집어쓰게 된다.

이렇게 몇 차례에 걸쳐 원숭이들의 시도를 무산시키면 원숭이들은 더는 사다리에 오르려고 하지 않는다. 다시 사다리에 오르려고 하는 원숭이가 나오더라도 다른 원숭이들이 모두 이 원숭이를 끌어내린다. 왜냐하면 이 무모한 원숭이 덕분에 자기들 모두가 찬물 세례를 받을 것이 뻔하기 때문이다. 이제 원숭이 세계에 하나의 규범이 생긴 것이다. 다섯 마리 모두는 우리 안에서 어떻게 행동하는 것이 적절한지에 대한 합의에 이른 것이다.'

흥미로운 일은 다섯 마리 중에서 한 마리를 새로운 원숭이와 교체할 때 발생한다. 새로운 원숭이는 당연히 바나나를 따기 위해서 사다리로 향하지만, 나머지 네 마리의 원숭이가 모두 이 신참 원숭이를 사다리에서 끌어내린다. 계속 말을 듣지 않으면 때리기까지 한다. 아무것도 모르는 신참 때문에 자신들 모두가 찬물 세례를 받지 않기 위해서다. 그 결과, 아무도 찬물 세례를 받지 않고, 동시에 신입 원숭이도 바나나를 따기 위해서 함부로 사다리에 오르면 안 된다는 것을 알게 된다. 즉, 신입 원숭이도 원숭이 사회의 규범을 획득한 것이다.

여기서 우리가 주목해야 하는 것은 이 신입 원숭이는 사다리를 올라가면 찬물이 쏟아지는 것을 경험해본 적이 없음에도, 사다리를 올라가면 안 된다는 믿음을 갖게 되었다는 것이다. 찬물 세례 때문에 만들어진 규범은, 일단 규범이 형성되고 난 후에는, 찬물 세례 없이 다른 구성원에게 전달되는 것이다.

그다음에 다시 처음에 들어왔던 네 마리의 원숭이 중 한 마리를 새로운 원숭이와 교체한다. 물론 이 신참 원숭이도 곧 바나나를 따기 위해서 사다리를 오르는 것은 이 원숭이 사회에서는 해서는 안 될 일이라는 것을 깨닫게 된다.

이런 식으로 처음에 우리에 들어왔던 원숭이를 한 마리씩 차례로 새 원숭이와 교체하면, 우리에는 사다리를 올라가면 모두가 찬물 세례를 받는 것을 본 적이 없는 원숭이들만 남게 된다. 이제는 찬물 세례 때문에 만들어진 규범을 찬물 세례를 한 번도 경험하지 못한 원숭이들이 준수하게 되는 것이다.

만약 이런 상황에서 찬물이 나오는 수도꼭지를 잠근다면 어떻게 될까? 이제는 원숭이들이 바나나를 따기 위해서 사다리를 올라도 찬물 세례가 주어지지 않는다. 과연 원숭이들은 사다리를 올라갈까? 대다수 원숭이는 사다리 오르기를 시도하지 않는다. 간혹 아주 새로운 관점으로 세상을 보고, 자신의 생각을 실천에 옮길 수 있는 용기를 가지고 있는 원숭이가 한 마리씩 나오기도 한다.

하지만 이 원숭이들은 사다리를 오르면 안 된다는 믿음을 굳게 가지고 있는 다수 원숭이에 의해 끌어내려지고, 말을 듣지 않으면 매질을 당하게 된다. 이미 원숭이들의 세상에서는 바나나를 따기 위해 사다리를 오르는 것은 금기가 되었기 때문이다.

'다수'라는 명찰을 단 규범이 새로운 가능성을 차단한다

사람들이 집단을 이루면 구성원들 사이에 특정한 상황에서 어떻게 행동해야 하는지에 대한 합의가 생기게 된다. 규범이 형성되는 것이다. 규범이 생기게 되는 이유 중의 하나는 우리가 다른 사람을 중요한 정보를 제공해주는 원천이라고 생각하기 때문이다. 특히, 어떤 행동을 하는 것이 좋을지가 불분명한 상황에서 사람들은 주변에 있는 다른 사람은 어떻게 행동하는지를 보고, 이를 자신이 취해야 할 적절한 행동으로 채택하는 경우가 많다.

다수가 옳다고 하는 행동을 따라 할 때 우리는 우리가 속한 집단에 받아들여지게 되고, 그 결과 마음이 편해진다. 실제로 다수의 규

범 자체가 늘 우리를 옥죄는 것은 아니다. 원숭이들이 처음에 사다리를 오르지 못하게 하는 규범을 만들었을 때, 이 규범은 원숭이 사회 구성원들의 행복을 위해서 기능적으로 작용했던 것이다.

  문제는 더는 적응적이지도 않고, 심지어는 우리 삶의 새로운 가능성을 차단하는 믿음이 '다수'라는 명찰을 달고 우리의 생각과 행동에 영향력을 행사할 때 발생한다. '다수'라는 이름으로 쉽게 포장되는 '다른 사람의 삶' '도그마' 또는 '다른 사람들의 의견이라는 소음'이 사다리를 올라가 바나나를 딸 수 있음에도 스스로 이러한 가능성을 포기하도록 만들고, 심지어는 사다리를 오르려는 용기 있는 누군가의 발목을 잡아 끌어내리게 할 수도 있는 것이다.

02
'두 얼굴의 사나이'를 만드는 세상

사원 김아영은 상냥하지만, 딸 김아영은 엄마가 묻는 말에 쳐다보지도 않고 손사래를 치면서 "아, 몰라도 돼"라고 하는, 엄마와 대화하는 것을 싫어하는 딸이다. 꽃집주인 이효진은 친절하지만, 엄마 이효진은 책 보고 있는 아들의 발을 청소기로 밀치면서 "이것 좀 치워봐"라고 하는, 가족들에게 신경질적인 엄마다.

친구 김범진은 쾌활하지만, 아들 김범진은 한번 먹어보라며 과일을 건네는 아빠에게 헤드폰의 소리를 키우고 손만 내저으면서 싫다는 신호를 보내는, 아빠에게 무심한 아들이다. 부장 김기준은 자상하지만, 남편 김기준은 뒤에서 자기보다 더 많은 짐 보따리를 들고 오는 아내에게 "아, 빨리 와"라고 소리치는, 인정머리 없는 남편이다.

"당신은 안과 밖이 다른 사람인가요?" "밖에서 보여주는 당신의 좋은 모습, 집안에서도 보여주세요"로 마무리되는 공익광고 협의회의에서 만든 가족사랑 캠페인 광고는 우리가 지금 가족들에게 어떻게 행동하고 있는지를 되돌아보게 한다.

이 광고에 등장하는 네 명의 가족 구성원들은 집안에서의 모습과 사회생활을 할 때의 모습이 너무도 다르다. 밖에서 만나는 다른 사람들에게는 친절하고 다정한 모습을 보이기 위해서 온 힘을 다하다가도, 집에 돌아와서 정작 자신에게 가장 소중한 가족들에게는 이러한 모습을 바로 접어버리는 것이다.

이 광고가 공감을 불러일으키는 이유는 우리들의 삶의 모습이 광고 속의 가족들과 너무나도 닮았기 때문이다. 아마도 광고를 접했던 많은 사람이 자신의 모습을 광고에서 발견하고 지금까지의 자신의 행동에 대해 생각해보는 시간을 가졌을 것이다. 이 광고는 우리 자신의 행동을 객관화시켜서 볼 기회를 제공한다는 점에서 매우 의미심장하다.

한 가지 아쉬운 점은 이 광고는 '모든 문제는 개인에게 있다'는 시선을 너무 강하게 드러낸다는 것이다. 특히, "당신은 안과 밖이 다른 사람인가요?"라는 이 광고의 카피는 직접 사회와 가정에서 이중적인 행동을 하는 것은 바로 당신 개인이 고쳐야 하는 문제라고 직

접적으로 말하고 있는 셈이다. 과연 모든 책임은 개인에게 있는 것일까?

상냥한 사원, 친절한 꽃집주인, 쾌활한 친구, 그리고 자상한 부장이 되기 위해서는 자기 자신을 잘 조절하고 통제할 수 있어야 한다. 즉, 욕 나오는 상황에서도 자신의 감정을 잘 조절해서 상대가 이해할 수 있도록 설득시키고, 심지어 미소까지 지을 수 있어야 한다. 그래야 회사나 학교에서 성격 좋고 인간성 좋은 사람이라는 평을 들을 수 있다.

이런 자기 조절과 통제 과정에는 많은 에너지가 소모된다. 문제는 우리가 가지고 있는 에너지의 양은 제한되어 있다는 것이다. 그런데 우리 사회의 대다수 직장인과 학생은 자신이 가지고 있는 에너지를 직장이나 학교에서 모두 소진당한 채로 집으로 돌아오게 되는 경우가 허다하다. 에너지가 완전히 방전된 상태로 가정에 복귀하면, 직장이나 학교에서는 만면에 웃음을 띠고 넘길 수 있었을 정도의 약한 스트레스에도 자신의 감정과 행동을 조절하지 못하고 짜증이나 화를 내게 될 가능성이 커진다.

이는 '두 얼굴의 사나이'로 불렸던 헐크처럼 변하는 것이나 마찬가지다. 헐크는 평상시에는 매우 이성적이고 친절한 과학자지만, 자신이 더는 견딜 수 없는 스트레스에 노출되면, 자신의 감정을 통제하지 못하는 헐크라는 녹색의 괴물로 변한다. 헐크와 마찬가지로 우리도 자신을 통제할 수 있는 에너지가 고갈되면, 직장이나 학교에서와는 다른 모습으로 변하는 두 얼굴의 사나이가 되고 마는 것이다.

구성원들의 에너지를 모두 고갈시켜버리는 '밖'의 조건을 그대로 내버려 둔 채로 개인만의 노력으로 '안과 밖이 같은 사람'이 되기를 요구하는 것은 개인에게 불가능한 작전을 수행하기를 요구하는 것과 마찬가지다. 따라서 '밖에서 보여주는 좋은 모습, 집안에서도 보여주기'위해서는 개인의 이러한 결심이 실현될 수 있는 사회적 조건도 함께 갖춰져야 한다. 안타깝지만, '가족사랑'은 가족 구성원들만의 노력으로 완성될 수 있는 것이 아니다.

03

정신적 맷집을
키우는 방법

빵꾸똥꾸 사건

경건하거나 엄숙한 표정을 지어야 하는 상황에서 자꾸 터져 나오는 웃음을 참지 못했던 경험이 다들 한 번쯤은 있을 것이다. 참으려고 입술을 깨물어도 피식피식 삐져나오는 웃음을 막기는 쉽지 않다. 머릿속에 웃음을 유발했던 장면이 지워지지 않고 계속 떠오르기 때문이다. 가끔은 웃음을 참지 못한 덕분에 웃지 못할 사건들이 발생하기도 한다. 그 가운데 하나가 YTN 〈뉴스 출발〉의 '빵꾸똥꾸 방송 사고'이다.

　사건은 TV 시트콤 〈지붕 뚫고 하이킥〉의 귀엽지만 감당하기 어려운 꼬마 캐릭터인 해리가 입에 달고 사는 '빵꾸똥꾸'라는 표현에 대해 방송통신심의위원회가 시청자의 가치관 형성에 나쁜 영향을 미칠 수 있다면서 권고 조치를 내렸다는 보도를 하면서 시작되었다. 뉴스를 전하던 앵커는 '빵꾸똥꾸'라는 단어를 말하고 나서부터 터져 나오려는 웃음을 억누르기 위해서 무진 애를 썼다.

하지만 진지함이 묻어나던 목소리는 이미 가늘어졌고 목소리와 호흡은 떨리기 시작했다. 그리고 마침내 웃음보가 터지고 말았다. 하지만 앵커는 프로답게 곧바로 웃음을 억제하고 다시 새로운 뉴스를 진행했다. 그런데 '빵꾸똥꾸'와는 전혀 무관한 사건에 대한 뉴스를 보도하던 도중에 웃음은 다시 삐져나오기 시작했다.

개인적으로는 뉴스 진행자들의 모습에서 느꼈던 냉철함 속에서 우리와 비슷한 인간의 모습을 발견할 수 있었던 유쾌한 방송사고라고 생각했었지만, 생방송을 진행하던 당사자에게는 너무나 웃겨서 경험한, 너무나 힘겨웠던 순간이었을 것이다.

살다 보면 생각하고 싶지 않은 일들이 자꾸 머릿속을 맴돌기도 하고, 심지어는 의도적으로 생각을 억누르려고 할 때 잊고 싶었던 생각들이 오히려 더 많이 떠올라서 우리를 힘들게 하기도 한다. 도대체 내 생각을 내가 억누르는 것이 왜 이리도 힘든 것일까?

다니엘 웨그너(Daniel Wegner)에 따르면, 우리가 생각을 억누르려고 마음을 먹으면 두 가지 심리적인 과정이 일어난다고 한다. 우선 우리의 머릿속에 출몰한 원치 않는 생각을 색출하는 감시 과정이 시작된다. '빵꾸똥꾸'라는 생각이 나타났는지를 감시하는 시스템이 작동하게 되는 것이다. 감시 과정의 역할은 머릿속에 출현하는 '빵꾸똥꾸'를 하나도 놓치지 않고 모두 나타나는 즉시 찾아내는 것이다. 발견된 '빵꾸똥꾸'들은 처리 과정으로 넘겨지는데 이 처리 과정에서 '빵꾸똥꾸'에 대한 생각을 삭제하거나 다른 생각들로 대체하는 일종의 처리 작전을 수행한다.

그런데 문제는 감시 과정을 수행하는 데는 특별한 에너지가 필요하지 않은 데 반해, 처리 과정을 수행하기 위해서는 상당한 양의 에너지가 필요하다는 것이다. 따라서 우리가 피곤하거나 다른 일 때문에 너무 바쁜 경우에는 감시 과정은 여전히 잘 작동하지만 처리 과정은 에너지가 부족해 작동을 멈추게 되는 상황이 발생한다.

감시 과정은 '빵꾸똥꾸'를 계속 잡아내는데, 이를 처리해서 의식에서 없애버려야 하는 임무를 가진 시스템은 작동을 멈추었기 때문에 '빵꾸똥꾸'라는 생각이 마음속에서 흘러넘치기 시작하는 것이다. 최악의 경우에는 생각을 억누르려고 했을 때, 그런 시도를 하지 않았을 때보다 회피하고자 했던 생각이 더 쉽게 그리고 자주 떠올라 우리를 힘들게 만드는 아이러니가 발생하기도 한다.

처리 과정을 수행할 수 있는 에너지가 충분한 경우에는 성공적으로 자신의 생각을 통제할 수 있다. 그런데 우리가 가지고 있는 에너지는 제한되어 있다. 따라서 첫 번째 생각을 통제하는 데 성공한 다음에 다시 두 번째 생각을 통제하려는 경우에는 남아 있는 에너지가 없어서 두 번째 생각을 조절하는 것이 갑자기 어려워질 수도 있다.

로이 버마이스터(Roy Baumeister) 등의 연구에서는, 한 조건에서는 실험 참여자들에게 흰색 곰이 머릿속에 떠오르지 않도록 노력해달라고 지시했다. 즉, 생각을 억압하도록 요구한 것이다.

그러고 난 후에 코미디 영화를 보여주면서 웃지 말라고 알려주었다. 즉, 두 번째의 억압을 유도한 것이다. 결과에 따르면, 처음에 흰색 곰에 대한 생각을 억압했던 사람들은, 처음에 아무 생각도 억제하지 않았던 사람들보다 코미디 영화를 보면서 웃음을 참지 못하고 더 쉽게 웃음보를 터뜨리고 말았다고 한다.

흰색 곰에 대한 생각을 통제하기 위해서 자신이 가지고 있던 에너지를 소모해버린 사람들에게는 웃음을 참는 데 사용할 에너지가 부족했던 것이다. 이러한 연구는 우리가 사회생활을 하면서 성공적으로 우리의 마음과 행동을 통제하거나 조절하기 위해서는 충분한 양의 에너지가 필요하다는 것을 보여준다.

마음을 다스리기 위해 몸을 다스리다

예전 어른들이 말을 듣지 않고 천방지축으로 까부는 아이에게 하셨던 말씀 중에는 "침 놓는다"는 표현이 있다. 쇠바늘로 만들어진 것이 침이니, 침을 놓는다는 것은 아이에게는 바늘로 찌르는 것처럼 고통스러운 처벌을 가하겠다는 일종의 사전 경고로 들렸을 것이다.

만약 이러한 경고에도 불구하고 말을 듣지 않는 아이에게 실제로 침을 놓는다면, 과연 이 아이가 말을 잘 듣게 될까? 침을 맞으면 자기 행동을 조절하지 못하는 아이의 통제력이 회복될 수 있을까?

아이 뿐만이 아니라 성인을 포함한 많은 사람들이 자신의 마음을 잘 조절하거나 통제하지 못하는 첫 번째 이유는 바로 그 사람의 몸에 있다. 즉, 몸의 불균형이 마음의 균형을 깨뜨리는 것이다. 물론 그 반대의 경우도 있다. 마음의 균형이 깨지면 몸에 이상이 온다. 이는 우리의 몸과 마음이 독립적으로 기능하지 않고 서로 밀접하게 연결되어 있기 때문이다.

몸과 마음의 관련성에 대한 수많은 연구들은 몸이 변하면 마음이 변하고, 마음에 변화가 오면 몸이 변화한다는 것을 보여준다. 따라서 자신의 마음을 스스로 잘 통제하지 못하는 아이의 행동은 그 아이의 몸의 균형이 깨졌을 가능성이 높다는 것을 신호하는 것이다.

"침을 놓는다"라는 표현은, 추측컨대, 몸의 균형이 깨져서 자신의 마음을 통제하지 못하는 아이의 몸을 침을 통해서 고쳐주겠다는 의미에서 비롯되었을지도 모른다. 우리 선조들은 몸과 마음이 밀접하게 관련되어 있다는 것을 이미 오래전부터 알고 있었기 때문에 마음에 이상이 생긴 사람들의 몸을 치료함으로써 마음의 이상을 치료하려고 했을 가능성이 높다. 그렇다면, 왜 마음을 직접 치료하지 않고 몸을 통해서 마음을 치료하려고 했을까?

　마음은 그 형체가 눈에 보이지 않기 때문에 쉽게 접근할 수 없다. 하지만 몸은 상대적으로 그 형체가 분명하기 때문에 치료를 위해 마음보다 몸에 접근하는 것이 더 용이하다. 따라서 마음을 치유하고 다스리기 위한 가장 쉬운 방법은 우리의 몸을 다스리는 것이다.

정신적 맷집을 키우는 방법

우리 주변에는 꼭 사소한 것에도 민감하게 반응하고 신경질적인 사람이 한두 명은 있게 마련이다. 이런 사람들은 정신적인 수준에서 스트레스에 대한 맷집이 매우 약한 사람들이다. 남들이 쉽게 웃으면서 넘길 수준의 스트레스에 한 방만 맞으면 바로 쓰러져서 주위를 불안하게 하는 사람들이다. 따라서 정신적 맷집이 약하면 성격이 나쁘다거나 신경질적이라는 소리를 듣게 된다.

　직장과 가정에서 일관되게 정신적 맷집이 약한 사람들도 있지만, 안과 밖에서의 정신적 맷집에 너무 큰 차이가 나는 사람들도 많다. 직장에서는 정신적 맷집이 어느 정도는 강한 편에 속했지만, 집에만 오면 갑자기 정신적 맷집의 강도가 약화되는 사람들이다. 이들은 직장 동료들로부터는 무던한 사람이라는 평가를 받지만, 집에 돌아오면 언제 터질지 모르는 시한폭탄이 되고 만다.

　정신적인 맷집이 강한 사람은 소위 '열 받는' 상황에서도 얼굴에는 미소를 띠고 조리 있게 상대를 설득할 수 있는 사람이다. 즉, 정신적 맷집이 강하다는 것은 스트레스 상황에서도 자신의 마음과 행동을 잘 조절할 수 있는 능력이 있다는 것을 의미한다. 그런데 문제는 이런 자기조절 과정이 공짜로 이루어지지 않는다는 것이다. 마음을 조절하기 위해서는 우리의 몸이 가지고 있는 에너지를 사용해야 한다.

특별히 무리한 신체활동을 한 적도 없는데, 집에 돌아왔을 때 몸에 피곤이 몰려오는 경우가 있다. 이는 사회생활을 하면서 받았던 정신적 스트레스에 대처하기 위해서 우리 몸이 가지고 있던 에너지를 다 소모했기 때문에 발생하는 것이다.

우리 스스로는 전혀 눈치 채지 못하고 있는 사이에도, 정신적인 충격을 흡수하기 위해서 우리의 몸은 엄청난 양의 에너지를 사용하고 있는 것이다. 따라서 정신적 맷집이 강한 사람은 스트레스라는 정신적 펀치의 충격을 흡수하는 데 필요한 신체적 에너지를 충분히 가지고 있는 사람들이다.

그렇다면 자기조절과 통제에 사용되는 에너지의 실체는 무엇일까? 버마이스터 등의 연구로는 그것은 바로 혈당이라고 한다. 혈액 내에 존재하는 포도당 또는 설탕이라고 할 수 있는 혈당이 뇌가 자기조절과 통제를 위해 사용하는 에너지 또는 일종의 연료인 셈이다. 실제로 한 연구에서는 설탕이 들어간 레모네이드를 마신 사람

들이 무설탕 레모네이드를 마신 사람들보다 자기 통제를 더 효과적으로 수행한다는 것이 밝혀졌다.

우리가 혈당을 획득하는 가장 좋은 방법은 균형 잡힌 식사를 규칙적으로 하는 것이다. 따라서 주변에 사소한 것에도 민감하게 반응하고 신경질적인 사람이 있으면, 그 사람의 존재에 대해 짜증을 내기 전에 그 사람의 몸에 이상이 없는지부터 확인하는 것이 좋다.

만약 직장에서는 다들 인간성 좋은 사람이라고 하는 당신의 남편이나 아내가 집으로 돌아와 당신에게 까칠하게 군다면, 배우자를 비난하기 전에 먼저 당신 배우자의 영양과 건강상태를 확인해 보는 것이 좋다. 그(녀)는 당신에게만 일부러 못되게 구는 것이 아니라 당신에게 잘 대하기 위해서는 반드시 필요한 에너지를 직장에서 다 빼앗기고 왔을 가능성이 높다.

이런 사람에게 인간성의 문제를 지적하는 것은 문제 해결에 전혀 도움이 되지 않는다. 우선 몸의 균형을 회복시켜주는 것이 좋다. 그리고 그 첫 단계는 제대로 된 식사를 하고 에너지를 재충전할 수 있는 시간, 즉 휴식을 취할 수 있는 시간을 가질 수 있도록 돕는 것이다. 밥이 보약이라는 말이 있고, 잠이 보약이라는 말도 있다. 건강한 식사와 휴식은 육체의 보약이기도 하지만 정신적 맷집을 키워주는 마음의 보약이기도 한 것이다.

당분을 과다하게 섭취하는 것은 건강에 해롭지만, 만약 당신이 표정 관리를 확실히 해야 하는 곳에 가야 하거나 상당한 강도의 스트레스가 주어지는 상황에 처하게 된다면, 약 한 시간 전에 평소보다 설탕을 한두 숟가락 더 넣은 음료를 마시는 것이 일시적으로 정신적 맷집을 강화시키는 데 도움이 될 수 있다.

04
마음도 정기 검진이 필요하다

"제 인생 통틀어서 제가 가장 사랑하는 단어는 내시경으로 바뀌었습니다."

한국의 전설적인 록그룹 '부활'의 리더인 김태원이 한 말이다. KBS 2TV에서 방송하는 프로그램 '남자의 자격'(이하 '남격')에 이경규, 김국진, 이윤석, 이정진, 윤형빈 등과 함께 출연 중이던 김태원은 프로그램 촬영을 위해 동료와 함께 받았던 위 내시경 검사에서 위암 진단을 받았다.

다행히 김태원의 위암은 초기였고, 곧바로 시행된 두 차례 내시경 점막 절제 수술을 통해 암세포가 완벽하게 제거되었다는 판정을 받았다. 앞으로 관리를 잘하고 정기적인 검진을 받으면 생명에는 전혀 지장이 없다고 한다.

오락 프로그램을 제작하기 위해서 했던 검진 덕분에 암세포를 조기에 발견할 수 있었고, 그 결과 생명을 다시 얻게 된 셈이다. 김태원의 사례는 어찌 보면 요즘 '리얼 버라이어티'라는 형식으로 방영되고 있는 오락 프로그램에서 발생한 가장 충격적이고 '리얼한' 상황이었다고 할 수 있을 것이다. 방송이 나간 후에 시청자와 네티즌들은 김태원의 건강을 응원하는 메시지를 남겼고, 동시에 건강 검진의 중요성을 깨달았다는 반응들을 보였다.

필자도 개인적으로 김태원의 오래된, 하지만 조용한 팬 중의 한 명이다. 내 청춘의 노래 순위에는 그가 만든 〈희야〉〈비와 당신의 이야기〉〈회상III〉〈사랑할수록〉 등과 같은 곡들이 상위에 올라 있다. 우리가 오랫동안 기억해둘 만한 기타리스트이자 작곡가인 김태원에게 다시 멋진 곡을 만들고 연주할 수 있는 인생의 기회를 연장해주었고, 그 덕분에 그의 노래를, 그리고 아마도 그의 새로운 노래를 들을 기회를 준 내시경 검사에 대해 개인적으로도 감사한 마음이 든다.

하지만 사실 '남격'에서 중년 출연진들의 건강 검진을 오락 프로그램의 소재로 삼았다는 것을 알았을 때는 황당하다는 생각이 먼저 들었고, 조금 충격적이기까지 했다. 이러한 의문이 들었던 것은 필자만이 아니었던 것 같다. '남격'의 신원호 PD는 〈시사저널〉과의 인터

뷰(제1113호)에서 '왜 하필 건강 검진이나 암과 같은 소재를 오락 프로그램에서 다루는가'라는 질문에 이렇게 답했다.

"……시청률은 크게 생각하지 않는다. 건강 검진만 하면 살 수 있는 시대가 되었는데 대부분 그것을 안 하지 않나. 그래서 처음으로 핵심 시간대에 내가 시청률 잘 나오는 프로그램을 하는 것을 이용해 보자는 생각을 했다. 나중에 프로그램 게시판에 '당신 프로 보고 건강 검진을 해서 내가 살았소'라는 이야기를 듣고 싶다."

아마도 신원호 PD는 그가 기대했던 것보다 훨씬 더 많은 사람으로부터 "당신 프로 덕분에 살았다"라는 이야기를 듣게 될 것 같다. 왜냐하면 김태원의 사례보다 더 극적으로 정기 검진과 조기 검진의 중요성을 사람들에게 호소하기는 쉽지 않기 때문이다. 이 프로그램을 통해서 많은 사람이 정기 검진을 통한 암의 조기 발견이 자신의 인생을 구원할 수 있을 것이라는 생각을 하게 되었을 것이다.

심리학을 공부하고 있는 사람으로서, '남격'을 보면서 들었던 생각은 고 최진실 씨나 전문계 고교 출신 로봇 영재였던 카이스트 학생과 같이 자살로 우리 곁을 떠난 분들이 마음에 대한 정기 검진을 받을 기회가 있었으면 어땠을까 하는 아쉬움이었다. 정기 검진을 통해서 마음에 자리 잡기 시작했던 심리적인 문제를 조기에 발견해서 자살할 생각과 행동으로 더 크게 자라지 않도록 제거할 수 있었다면, 우리는 배우 최진실의 연기에 아직도 울고 웃고 있을지도 모른다는 생각이 들었다. 또, 어쩌면 출근길에 우리나라 젊은이가 세계 최초로 인공지능 로봇을 개발했다는 뉴스를 듣고 뿌듯한 마음으로 하루를 시작할 수 있었을지도 모르는 일이다.

우리의 몸에는 심심치 않게 병이 찾아온다. 병은 왔다가 가기도 하고, 생각보다 오랫동안 우리의 몸에 머무르기도 한다. 그런데 거의 모든 종류의 병의 진행 과정에는 공통점이 있다. 그것은, 몸이 <u>스스로</u> 치유할 수 없는 병은, 아무런 조치를 취하지 않은 상태로 방치하면 시간이 지나면 지날수록 병이 커진다는 것이다. 반대로 빨리 발견해서 빨리 치료하면 할수록 병을 이겨내는 데 걸리는 시간은 짧아진다. 정기 검진을 통해서 질병을 조기에 발견해야 하는 이유가 여기에 있다. 과거에는 불치병이라고 여겼던 암조차도 초기에 발견해서 치료하면 완치에 이를 수 있지만, 감기처럼 하찮게 여기는 질병도 초기에 제대로 치료하지 않고 내버려두면 폐렴으로 자라고, 결국에는 사람의 목숨을 요구하기도 하는 것이다.

마음의 병도 마찬가지다. 심리적인 상처나 질병을 조기에 발견하면 할수록 완치도 쉽고 치료에 걸리는 시간도 짧아진다. 따라서 마음에 상처가 났는지, 그리고 이 상처가 질병으로 진행되고 있는지를 정기적으로 확인하고 마음의 병을 조기에 발견하는 것은 몸의 건강을 정기적으로 점검하는 것만큼 중요한 일이다.

우울이나 불안과 같은 마음의 병은 살다 보면 누구나 경험하게 되

는 마음의 감기와도 같은 것이다. 어떤 경우에는 아무 조치를 취하지 않아도 시간이 지나가면 자연적으로 치유되기도 한다. 마치 감기에 걸려도 따뜻한 물만 자주 마시면서 쉬어주면 우리의 몸이 자연적으로 감기를 물리치는 것과 마찬가지다. 우리의 몸이 자가 치유력이 있는 것과 마찬가지로, 우리의 마음도 자기 마음에 생긴 상처와 질병을 스스로 치유할 수 있는 능력이 있다. 문제는 몸의 자가 치유력만으로 병을 이겨내기 어려운 때도 있듯이, 자신의 마음이 스스로 감당하기에는 힘겨운 심리적인 상처나 질병에, 자신의 의지와는 무관하게 노출될 수도 있다는 것이다.

스스로 감당할 수 없는 마음의 상처 때문에 힘들어하는 사람에게 시간이 지나면 모든 게 나아질 것이라고 위로하면서, 아무 조치도 취하지 않고 시간에 기대는 것은 미래의 불행을 예약하는 것이나 마찬가지다. 이러한 생각은 암세포를 발견하고도 시간이 약이니까 시간이 지나면 모든 문제가 해결될 것이라고 이야기하는 것과 다르지 않은 것이다. 우리의 마음이 감당할 수 있는 심리적 상처에는 '시간이 약'이 될 수 있지만, 우리의 마음이 감당하기에는 역부족인 심리적 상처가 생겼을 때 '시간은 독'이 될 가능성이 큰 것이다.

우리나라 사람들이 죽음에 이르게 된 원인에 대한 가장 최근의 통계인 '2009년 사망 원인 통계 결과'에 따르면, 전체 인구의 사망 원인 순위에서 1위를 차지한 것은 '악성 신생물', 즉 '암'이었다. 하지만

10대부터 30대까지 사망 원인 1위는 자살이 차지했고, 40대와 50대의 사망 원인 중에서도 자살은 2위였다. 2009년에만 우리나라에서 1만 5,413명이 스스로 목숨을 끊었다.

근본적으로 자살을 줄이기 위해서는 장기적으로는 개인의 마음에 상처와 질병을 유발하는 우리 사회의 시스템과 문화를 바꾸는 작업이 필수적으로 이루어져야 한다. 하지만 이미 마음에 병이 걸린 사람의 경우에는 마음의 병이 자살을 충동질하기 전에 가능한 한 빨리 문제를 진단해내고 개입하는 것이 필수적이다. 이제는 우리 사회가 구성원들의 마음에 대한 정기 검진을 시행하는 것에 관심을 둬야 할 시점에 도달한 것으로 보인다.

05
경쟁의 목표를
'행복'으로 정하자

 카이스트 학생들이 연이어 스스로 자신의 목숨을 끊었다. 올해(2011년) 들어서만 벌써 네 명이 자살했다. 우리나라에서 한 해에 1만 5,000명 이상이 자살로 생을 마감하고 있다는 통계가 보도되었을 때보다 카이스트 학생 네 명이 연이어 자살했다는 뉴스가 우리 사회에 준 충격의 강도는 더 컸던 것으로 보인다.
 카이스트에 입학했다는 것은, 출신 대학이 어디인지가 개인의 인생에 막대한 영향을 미치는 대한민국이라는 사회에서, 이미 상당한 성취를 했다는 것을 의미한다. 졸업만 하면 어느 정도는 성공적인 삶을 누릴 수 있는 위치에 오르게 된 것이다. 그런데 이런 사람들이 스스로 자신에게 보장된 미래를 포기하고 자살을 선택했다. 더구나 카이스트 학생들은 이미 우리 사회의 경쟁 풍토에 익숙한 사람들이고, 또한 카이스트에 입학할 때까지 성공적으로 경쟁에서 승리해왔던 사람들이다.

이런 사람들이 좌절하고 극단적인 선택을 했다는 것이 많은 이들을 안타깝게 만들고 충격을 주었던 것이다. '카이스트 사태'라고도 불리는 이 사건을 보면서 들었던 세 가지 의문점에 대해 스스로 묻고 답해보았다.

차등 등록금제의 사회심리학적 의미는?

2011년 '카이스트 사태'에서 논란이 되었던 것 중의 하나는 카이스트가 시행하고 있던 차등 등록금제라는 독특한 제도였다. 차등 등록금제는 성적에 따라 등록금 중에서 일부 수업료를 차별적으로 부과하는 제도였다. 당시 카이스트의 수업료는 600만 원이었는데, 학점이 3.0 이상인 학생은 수업료 전액을 면제받았다. 하지만 3.0 미만에서 2.0 사이의 학생은 0.01점당 약 6만 원의 수업료를 본인이 내야 했고, 학점이 2.0 미만으로 나오면 해당 학생은 수업료 600만 원 전액을 지불해야 했다.

따라서 차등 등록금제는 공부를 열심히 하지 않았다는 것에 대해 일종의 경제적인 처벌을 부과하는 것이다. 학생들은 시험을 잘 치르지 못했다는 것에 대해, 낮은 학점을 받는 것으로 먼저 1차적인 처벌을 받고 난 다음에 경제적인 차원에서 2차적인 처벌을 받게 되는 셈이다. 그런데 문제는 이것이 단지 경제적인 차원의 처벌에서만 그치지 않고 사회적·심리적 차원의 3차, 4차 처벌로 이어지게 된다는 점이다.

우리는 카이스트 학생들을 과학영재라고 부른다. 부모들에게 이들은 등록금도 면제되는 한국 최고의 대학에 입학한 자랑스러운 자식이다. 아마도 카이스트 학생들 대부분이 '엄친아(엄마 친구 아들: 남들이 부러워할 만한 조건을 갖춘 사람을 뜻함)'라고 불렸을 것이다. 그런데 대학에 입학하자마자 B 학점(80점 또는 '우'에 해당하는)도 받지 못해서 엄청난 액수의 수업료를 지불해야 하는 상황에 처하게 된 것이다.

600만 원은 주위의 도움 없이 학생 혼자서 마련하기는 거의 불가능할 정도로 큰 액수이다. 결국 수업료를 지불하기 위해서는 부모님을 포함한 주위에 자신의 처지를 알릴 수밖에 없다. 일정 수준의 성적만 받으면 면제받을 수 있었던 수업료를, 최소한의 성적도 받지 못해서 모두 내야 하는 사람이라는 것이 부모님과 친구들에게 알려지고 마는 것이다. 이러한 과정에서 해당 학생의 자존감은 커다란 상처를 입게 되고, 과학 영재라는 자신의 자아 정체감마저 무너지게 될 가능성이 크다.

치열한 경쟁은 우리를 단련시켜주나?

우리 사회에는 치열한 경쟁에서 살아남은 사람은 그 어디에 데려다 놓아도 살아남을 수 있다는 믿음이 존재한다. 혹독한 경쟁 속에서 길러진 생존력이 있기 때문에 다른 환경에서도 남들보다 더 잘 살아남을 수 있다는 것이다. 따라서 지금 숨이 막힐 정도의 경쟁에 내몰려도, 이 고통만 잘 극복하면 미래의 새로운 환경 또는 지금보다 덜 경쟁적인 상황에서는 더 강력해진 자신을 발견하게 된다는 것이다. 혹독한 경쟁을 이겨낸 덕분에 새로운 환경에서 생존할 확률이 높아지고 성공적으로 삶을 영위할 가능성도 커진다는 것이다.

이러한 믿음은 우리나라 학생들을 성적 제일주의를 목표로 하는 무한 경쟁에 내모는 의사 결정을 합리화하는 데 이용되기도 한다. 그렇다면 과연 중·고등학교 시절에 다른 어느 나라의 학생들보다 더 높은 강도의 경쟁을 이겨낸 대한민국 학생들은 이후의 새로운 경쟁 상황에서 그들이 갈고닦아온 경쟁력을 바탕으로 경쟁에서 우위를 차지할 수 있을까?

경쟁은 경쟁하는 차원의 능력만을 강화시킨다. 유도로 경쟁하면 유도 경기 능력이 강화되고, 레슬링으로 경쟁하면 레슬링 경기 능력이 강화된다. 마찬가지로 높은 성적만을 목표로 경쟁하면 성적을 잘 받는 능력만이 강화된다. 이는 운동하는 부위의 근육만 커지는 것과 마찬가지다. 아무리 열심히 밤새워가며 이두박근 운동을 한다

고 해서 허벅지 근육도 덩달아 단단해지는 것은 아니다.

문제는 경쟁에 노출되지 않는 차원의 능력이다. 개인이 가지고 있는 모든 에너지와 시간을 특정한 차원의 경쟁에만 쏟아붓는다면 다른 차원의 능력을 키우는 것이 원천적으로 불가능하게 된다. 경쟁을 하지 않은 차원의 능력은, 운이 좋은 경우에는 이전과 비교했을 때 큰 차이가 나지 않지만, 대부분은 퇴화할 가능성이 크다. 마치 아령을 들어서 자극을 준 이두박근만 점점 커지고, 운동을 통한 자극을 전혀 주지 않은 다른 근육들은 시간이 지나면서 점점 위축되는 것과 마찬가지 현상이다.

우리나라의 엘리트 체육 정책을 통해 올림픽 금메달이라는 최고의 성과를 만들어낸 사람들 중에 금메달을 딴 이후에 사회에 적응하지 못하고 최악의 경우에는 자살에까지 이르는 사람들이 나오는 것도 이와 다르지 않다. 금메달이라는 목표를 위한 경쟁에 전력투구하는 동안 세상을 살아가는 능력은 오히려 퇴화한 것이다. 금메달의 영웅이 운동을 그만두자마자 사회 부적응자라는 나락으로 떨어질 수도 있는 이유는, 금메달을 따는 데 필요한 근육은 만들었지만 사회에 적응하는 데 필요한 근육을 만들 기회는 없었기 때문이다.

우리의 교육은 우리의 엘리트 체육을 닮았다. 성적을 잘 받는 것이 지상 명령이고 학생들은 이를 목표로 살인적인 강도의 경쟁을 한다. 성적을 잘 받을 수 있는 경쟁에 익숙한 사람들이 만들어지고 있는 것이다.

그 결과 입학시험이나 자격시험은 잘 치르지만, 자신들이 원하는 곳에 들어가고 난 다음에는 기대했던 만큼의 수행이나 창의적인 문제 해결 능력을 보여주지 못하는 경우가 많다. 우리나라 고등학생들이 미국 명문대 입학 허가는 잘 받아내지만, 중도 탈락자 비율이 44퍼센트로 가장 높은 이유 가운데 하나도 이것이라고 볼 수 있다.

하나의 근육만으로 살 수 없듯이 다양한 차원에서 경쟁력을 기를 수 있는 교육이 필요하다. 인문학, 사회과학, 예술, 체육 등의 차원에서도 경쟁력을 키울 기회를 제공해야 한다. 특히, 타인과의 경쟁을 목표로 한 경쟁력이 아니라, 자신의 삶을 즐길 수 있는 능력 차원에서의 경쟁력을 키우는 교육이 필요하다. 편하게 자신의 삶을 즐길 수 있는 능력도 경쟁력이다. 이것은 가수가 무대를 즐기면서 노래를 부를 수 있는 것이 중요한 경쟁력인 것과 마찬가지다.

대학 평가의 새로운 기준?

해마다 국내 및 국외 기관에서 수행하는 대학 평가에는 대학생과 교직원이 얼마나 행복하고 만족스러운 삶을 살고 있는지, 그리고 육체적으로 심리적으로 얼마나 건강한지에 대한 평가는 포함되어 있지 않다.

하지만 이제는 대학 구성원의 행복 그리고 몸과 마음의 건강 수준이 포함된 대학 평가 지표를 만들어야 할 시점이 된 것으로 보인다. 구성원의 행복 수준이 세계 1위인 학교가 되기 위해서 경쟁하는 대학들의 모습을 보고 싶다.

06
위대한 '경쟁'의 탄생

 우리 사회를 가장 잘 요약할 수 있는 단어를 하나 꼽으라고 한다면, 아마도 많은 사람이 '경쟁'이라는 단어를 주저 없이 선택할 것이다. 기업은 물론, 한국사회의 구성원들은 초등학생 때부터 상당한 수준의 강도로 이루어지는 경쟁 속에서 생활하는 데 익숙하다.
 경쟁은 사실 나쁜 것이 아니다. 경쟁이 치열한 조직에서 개인도 발전하고 조직 자체도 성장할 가능성이 큰 것이 사실이다. 박지성 선수도 맨체스터 유나이티드(이하 맨유)에서 늘 주전 경쟁을 벌이고 있다. 맨유의 경쟁 시스템을 통해서 그는, 힘들었겠지만, 더 성장했다. 맨유도 구성원들이 가지고 있는 잠재력을 최대한 이끌어 냄으로써 팀의 성공 가능성을 최대화할 수 있었다.

문제는 경쟁 과정에서 나타나는 부작용이다. 사람들은 대개 경쟁에서 승리하는 사람에게만 주목하는 경향이 있다. 하지만 경쟁을 하면 패자도 나오게 마련이다. 그리고 승자나 패자 모두 경쟁 과정에서 육체적 상처를 입기도 하고 심리적 부상을 당하기도 한다. 특히, 패자가 경험하는 심리적 상처는, 눈에는 보이지 않지만, 개인을 좌절시킬 수 있을 정도로 치명적일 수도 있다.

우리 사회는 육체적 부상에 대한 치료 시스템은 그나마 어느 정도 갖추고 있지만, 심리적 부상을 치유하고 재기할 수 있게 만드는 시스템은 전혀 없는 상태라고 할 수 있다. 이런 시스템이 부재한 상황에서의 경쟁은 한 번의 경쟁에서 실패한 사람들을 거의 회복 불가능한 좌절 상태로 만들 가능성이 크다.

만약 박지성 선수가 주전 경쟁을 하다가 연골에 물이 차는 부상을 당했는데, 맨유에서 아무런 조치도 취하지 않았다고 가정해보자. 그리고 박지성 선수에게 자기가 알아서 치료하고 다시 훈련에 합류하든지, 아니면 관두라고 한다면, 과연 우리나라 팬들이 이런 상황을 받아들일 수 있을까? 말도 안 되는 상황임이 분명하다. 그런데 문제는 이런 말도 안 되는 일들이 우리 사회의 경쟁 시스템 또는 경쟁 풍토에서 심리적인 부상을 당한 사람들에게는 자주 그리고 너무나도 자연스럽게 일어난다는 것이다.

경쟁에서 심리적 부상을 당하고도 아무런 조치도 취하지 않고 방치한 마음의 부상이 우울과 자살 생각으로 전이되는 경우를 발견하는 것은 어려운 일이 아니다. 따라서 학교에서의 경쟁에서 좌절한 학생들, 그리고 조직에서의 경쟁에서 좌절한 직장인들의 우울과 자살이 이어지는 것은, 어찌 보면, 놀라운 일이 아니다.

경쟁의 부작용을 관리할 수 있는 지원 시스템이 없는 상황에서 경쟁을 유도했을 때 가장 유리한 사람은 누구일까? 그것은 바로 지원 시스템의 도움 없이도 스스로 상처를 치유할 수 있는 자원을 충분히 가지고 있는 사람들이다. 그리고 이런 자원의 총량은 우리사회에서는, 개인이 가지고 있는 것보다는 그 개인이 속한 가족, 넓게는 소위 '집안'이 가지고 있는 자원의 양에 의해 크게 좌우된다. 그 결과, 자원이 풍요로운 사람은 큰 실패를 여러 차례 경험해도 충분히 재기할 수 있지만, 그렇지 못한 사람은 단 한 번의 작은 실패만으로도 돌이킬 수 없는 상황에 직면하기도 한다. 이런 상황에서의 경쟁은, 시간이 흐를수록 자원을 충분히 가지고 있는 사람이 승리할 가능성이 높아지는, 일종의 결과가 정해진 게임이 되어버린다.

우리 사회의 많은 사람이 경쟁을 통해 승부욕을 자극받는 것이 아니라 피로감을 느끼고 점점 지쳐가는 이유가 바로 여기에 있다. 처음 출발부터 불평등한 조건에서의 경쟁 그리고 경쟁을 통해서 출발점의 약자가 마지막에 승부를 뒤집을 가능성이 거의 없어 보이는 경쟁이 만들어낸 부작용이다. 이제는 더는 개천에서 용이 날 수 없는 것처럼 보이는 경쟁은 승부욕을 자극하지 못하고 사람들을 무기력하게 만드는 것이다.

'위대한 탄생'의 사회 심리학

우리 사회의 구성원들이 이런 경쟁 시스템에 지치고 무력감을 느끼고 있을 때, 새로운 경쟁의 모델을 보여준 것이 바로 '〈위대한 탄생〉(이하 〈위탄〉)'이라는 텔레비전 프로그램이다. 〈위탄〉은 우리 사회의 경쟁 시스템에서는 찾기 어려운 두 가지 요소를 가지고 있었다. 하나는 경쟁에서 상처받은 사람을 위로하고 재도전할 수 있도록 이끌어주는 멘토 시스템의 존재였다.

   다른 오디션 프로그램과는 달리 〈위탄〉은 오디션 특유의 냉정한 경쟁이 존재하면서도 동시에 경쟁에서 좌절한 사람들을 위한 따뜻한 멘토 시스템을 가지고 있었다. 이 멘토 시스템은 경쟁에서 심리적인 부상을 당한 참가자들을 치유하고, 다음번 경쟁에서 승리를 차지하기 위해 갖춰야 할 실전기술을 가르쳐주고, 더 나아가 자신의 인생에서 승리하는 데 필요한 삶의 태도가 무엇인지 깨닫도록 해주었다.

   〈위탄〉이 가지고 있던 또 다른 하나는 록그룹 부활의 '김태원'이었다. 〈위탄〉이 만들어낸 최고의 스타는 우승을 차지한 백청강이 아니고 멘토로 참여한 부활의 김태원이라고 해도 과언이 아닐 정도로 '김태원'에 대한 시청자들의 열광은 대단한 것이었다. 시청자들이 김태원에게 열광한 이유는 그가 약자의 위치에 있는 것처럼 보였던 사람들에게 노골적으로 역전의 기회를 제공했기 때문이다.

누가 우승자가 되느냐가 〈위탄〉의 가장 큰 관심사였지만, 어떤 멘토가 지도한 제자가 우승을 차지하는가도 〈위탄〉의 중요한 흥행 요소 중 하나였다. 우승자를 배출하기 위해서 김태원을 포함한 5명의 멘토가 경쟁하는 것이 〈위탄〉의 주요한 성격 중의 하나였던 것이다. 따라서 멘토의 처지에서 본다면, 스타성을 포함해서, 경쟁에서 승리할 가능성이 높은 제자를 선택해야 했다.

하지만 김태원은 기획사 오디션에 지원했다면 외모나 다른 이유로 떨어졌을 것이 분명해 보이는 지원자들을 제자로 받아들였다. 심지어는 가창력의 문제 때문에 다른 멘토들로부터 외면 받은 지원자도 그 사람의 인생의 아픔이 자신의 마음을 움직였다는 이유를 들어 제자로 삼았다. 그는 우승자를 배출하기 위한 경쟁에서 승리하기 위해서는 절대로 하지 말아야 할 선택을 한 것이다.

사실 김태원의 선택은, 노래를 가장 잘하는 사람을 뽑아야 한다는 〈위탄〉 오디션의 기준을 따르면, 매우 공정하지 못한 것이었는지도 모른다. 하지만 시청자들은 김태원의 이런 선택에 열광했다. 노래를 잘해도 외모나 다른 이유로 가수의 꿈을 접는 것이 당연한 것처럼 보이는 현실에서, 백청강, 이태권, 손진영과 같은 최소한 하나씩

은 커다란 약점을 지니고 있는 사람들이 이들보다 훨씬 잘생기고 좋은 조건을 갖춘 다른 후보들과의 경쟁에서 승리할 수 있다는 것을 시청자들은 보고 싶었던 것이다.

〈위탄〉의 또 다른 매력은 시청자들이 직접 투표를 통해서 자신들의 욕구를 실현할 수 있게 한 장치에 있다. 시청자들은 문자 투표의 힘으로 심사위원들의 심사 점수를 무력화시키고, 아이돌 같은 매력을 가지고 있던 지원자들을 먼저 떨어뜨렸다. 스타성을 기준으로 제자를 선택한 멘토들에게도 문자 투표의 힘을 보여주었다. 시청자들은 자신들의 힘으로 〈위탄〉 4강에 김태원의 제자만 세 명을 올려놓았고, 최종 결승에는 모두 김태원의 제자만 진출시켰다. 결승전 결과와 무관하게 김태원은 멘토들끼리의 경쟁에서 이미 우승을 차지한 것이다.

국민이 아무리 소리쳐도 꿈쩍하지 않는 정치인들의 존재와 결국 정치인들의 의지에 따라 국가의 의사 결정이 이루어지고 만다는 무기력을 너무 쉽게 경험하는 것이 현실이다. 이런 상황에서 〈위탄〉의 문자 투표는 시청자들에게 심사위원이라는 권력을 무력화시키고 동시에 자신들이 세상에 대해 가지고 있는 의지를 실시간으로 실현할 수도 있다는 것을 눈으로 관찰할 수 있는 '위대한 쾌감'의 기회를 제공한 것이다.

현실에서의 경쟁이 승부욕을 자극하고 실제로 구성원들을 성장시키기 위해서는 두 가지가 필요하다. 하나는 경쟁 과정에서 심리적 상처를 입은 사람들을 치유해서 함께 갈 수 있는 시스템이다. 또 다른 하나는 현실적 약자도 최선을 다하면 역전승을 만들어낼 수 있다는 믿음이 살아 있는 문화다. 이러한 두 가지 요소가 갖추어졌을 때, 현실 사회의 경쟁 시스템은 '위대한 경쟁의 탄생'이라는 프로그램을 만들어낼 수 있을 것이다.

6장

소통,
감수왕과 페레스 총리에게 배우다

01

재앙을 부르는
자기 합리화 교육

"신념을 지닌 한 사람은 이익만 좇는 10만 명의 힘에 맞먹는다."

19세기 영국의 철학자 존 스튜어트 밀이 했다는 말이다. 세속적이고 금전적인 이득을 취하기 위해 자신이 가지고 있던 신념이나 지조쯤은 쉽게 포기해버리는, 심지어 아예 처음부터 신념이나 지조 따위는 없었던, 사람을 현실감각이 뛰어나다고 칭찬하는 세상에서 자신이 가진 신념을 향해 묵묵히 발걸음을 옮기는 사람들의 모습은 경외감을 자아내기에 충분하다. 결국 세상은 이런 사람들에 의해 움직이고, 사람들은 이들의 신념에 자신의 마음을 준다.

하지만 자신의 신념을 실현하기 위해 전진하는 사람들이 우리에게 늘 감동을 주는 것은 아니다. 자신의 신념을 극단까지 밀어붙이는 사람 중에는 주위에 불안과 공포를 불러일으키고, 심지어 악몽을 경험하게 하는 사람들도 적지 않다.

문제는 신념의 내용이다. 신념의 내용이 합리적이고 건강하다면, 이는 말 그대로 이익만 좇는 10만 명에 맞먹을 수 있는 긍정적인 힘을 발휘할 수도 있다. 하지만 신념의 내용이 비합리적이고 파괴적이라면, 한 사람의 신념은 10만 명의 힘에 맞먹는 재앙을 만들어낼 수도 있다.

2011년 7월 22일에 노르웨이에서 연쇄 테러를 일으킨 용의자로 검거된 안데르스 베링 브레이빅은 범행을 저지르기 5일 전인 17일에 트위터를 개설했다고 한다. 그런데 그가 자신의 트위터에 남긴 말이 바로 '신념을 지닌 한 사람은 이익만 좇는 10만 명의 힘에 맞먹는다' 였다. 브레이빅은 처음이자 마지막으로 이 문구를 트위터에 남기고, 노르웨이의 수도 오슬로로 향했다.

그는 정부 종합청사 앞에서 폭약을 가득 실은 화물차를 세워놓고 원격조정 장치를 이용해 폭파시켰다. 오슬로 시내의 건물들 전체가 흔들릴 정도로 강력한 폭발 때문에 정부 종합청사 건물과 주변 건물의 유리창이 박살났다. 여덟 명이 사망하고 수십 명의 부상자가 발생했다.

정부 종합청사 폭파 후에 브레이빅은 준비해둔 차량을 이용해 오슬로 북서쪽으로 38킬로미터 정도 떨어져 있는 우토야 섬으로 향했다. 브레이빅이 혐오하는 다문화 정책을 적극 추진하던 노동당이 주관하는 청소년 캠프가 우토야 섬에서 열리고 있었다. 보트를 이용해 섬으로 들어간 브레이빅은 경찰복을 입고, 오슬로 정부 종합청사 테러 소식을 듣고 불안해하던 청소년들에게 다가갔다. "할 이야기가 있으니 모이라"는 브레이빅의 지시에 따라 청소년들이 모여들자, 그는 바로 소총을 꺼내 난사하기 시작했다. 도망가는 청소년들을 조준 사살했고, 죽은 척 쓰러져 있던 사람들에게 다가가 엽총을 머리에 대고 확인 사살했다. 우토야 섬에서만 지금까지 68명이 죽은 것으로 확인됐다.

이런 사건이 일어났을 때 우리가 경험하게 되는 불안을 가장 쉽게 완화할 방법은 범죄자를 악마로 규정하는 것이다. 악마만이 할 수 있는 일이고, 악마는 잡혔으니 내가 사는 세상은 곧 안전을 되찾을 것이라고 믿고 싶은 것이다.

하지만 안타깝게도 브레이빅의 주위에 있었던 사람들의 증언은 브레이빅이 악마가 아니라 평범한 사람이었을 가능성이 높다는 것을 보여준다. 그의 이웃들은 브레이빅을 내성적이고, 평범하며, 보수적인 기독교인으로 기억하고 있었다. 그는 실제로 교통법규를 위반했던 것을 빼고는 특별히 사회적 규범을 어기거나 범죄를 저지른 적이 없는 상당히 평범한 부류에 속했던 사람이었다. 그렇다면 어떻게 이런 사람이 한순간에 수십 명을 죽이는 그런 끔찍한 일을 저지를 수 있었을까?

　인간이, 다른 동물과 비교했을 때, 위대한 이유는 생각할 능력이 있는 것이라고 흔히들 말한다. 맞는 말이다. 하지만 인간이 다른 동물보다 훨씬 더 잔인하고 파괴적일 수 있는 이유 또한 바로 생각할 줄 알기 때문이다. 자신의 생각만이 옳고, 그래서 자신과 다른 생각을 하는 사람을 잘못됐다고 판단하고, 더 나아가 죽일 수 있다고 생각할 수 있는 존재는 인간밖에 없다. 그 결과, 자신의 왜곡된 신념을 실현하기 위해 수많은 사람을 죽이고도 자신의 행동을 정당화할 수 있다.

　사람은 자신의 행동을 합리화하면서 살아가는 동물이다. 우리는 수많은 크고 작은 사건들을 자신의 관점에서 합리화한다. 우리 팀이 진 이유는 불공정한 심판 판정 때문이고(실제: 심판이 내가 반칙하는 것을 보고 바로 페널티킥을 줬기 때문), 연인과 헤어질 수밖에 없었던 이유는 상대방의 바람기 때문이고(실제: 자신의 의심과 집착 때문), 부부관계가 유지될 수 있는 것은 내(실제: 상대방) 성격이 좋기 때문이라고 생각한다.

　합리화가 무조건 나쁜 것은 아니다. 합리화가 가끔 필요하기도 하다. 만약 전혀 합리화하지 않고 세상을 있는 그대로 보기만 한다면, 아마도 사람들은 형편없는 자신의 모습에 좌절하고, 곧바로, 우울증에 빠질지도 모른다.

문제는 비현실적이고 과도한 합리화다. "내가 한 일은 잔혹하지만 필요한 일이었다." 브레이빅이 체포 후 했다는 말이다. 살인자와 학살자들이 자기를 합리화하는 전형적인 방법은 자신의 행동을 자신이 속한 집단(넓게는 인류) 또는 역사나 미래를 위해 필요한 어쩔 수 없는 것이었다고 믿는 것이다. 그리고 동시에 피해자들을 죽어 마땅한 대상으로 규정하는 것이다. 이런 방식으로 자신을 설득하고 나면, 이들에게는 못할 짓이 없어지게 된다. 더구나 집단이나 사회적 차원에서 합리화가 이루어진다면, 그 결과는 상상을 초월하게 된다. 나치가 6년간 600만 명을 죽일 수 있었던 것은 자신들의 행위를 집단 수준에서 합리화시킬 수 있었기 때문이다.

브레이빅은 대학에 진학하지는 않았지만, 자신이 경영학과 역사학을 1만 4,500시간, 그리고 종교학과 재무학을 3,000시간 독학했고, 이는 경영학 학사와 역사학 석사 학위를 받을 정도의 수준이라고 자신의 페이스북에서 주장했다고 한다. 그는 자신이 충분히 배우고 익혔고, 이를 통해 노르웨이와 유럽의 미래를 위해 필요한 일을 수행했다고 믿고 있을 것이다. 공부는 그에게 자신의 행동을 정교하게 합리화하기 위한 준비였던 것이다.

생각하는 힘은 인간을 파괴적으로 만들 수도 있지만, 타인을 위해 자신을 희생하게 할 수도 있다. 생각하는 힘을 사회적으로 건전한 방식으로 발휘할 수 있도록 하기 위해서는 타인의 관점에서 세

상을 바라보는, 더 나아가 타인의 고통에 공감하는 능력을 어렸을 때부터 키울 기회가 제공되어야 한다. 자신의 생각과 논리를 강화하고 정교화시키는 능력을 개발하는 데만 집중하는 교육은 위대한 철학자를 탄생시킬 수도 있지만, 반대로 브레이빅처럼 1,518쪽짜리 '2083: 유럽독립 선언'이라는 정교한 선언문을 작성할 능력을 갖추

고 자신의 행위를 "사회혁명을 위한 거사"라고 합리화시킬 수 있는 테러리스트를 만들어낼 수도 있는 것이다. 우리의 교육은 아이들의 어떤 능력을 개발하고 키우는 데 집중하고 있는가를 되돌아볼 시점이다.

02
뿌리 깊은 나무,
괴물 만드는 사회에 말하다

"아이가 한자를 배울 때 천자문을 배운 후 소학과 명심보감을 떼고 글을 쓰게 하는 것은 소양이 없는 자가 글을 쓰면 안 되기 때문이다. 글이 무기이기 때문이다."

SBS 드라마 〈뿌리 깊은 나무〉에서 정기준이 한 이 말은 우리의 공부가 무엇에 초점을 맞춰야 하는지를 다시 한 번 생각하게 한다.

우리나라의 교육열은 말할 필요가 없을 정도다. 덕분에 대학진학률도 다른 나라의 추종을 불허한다. 과거 부모님 세대와 비교해보면, 사회에 진출하기 전에 학교에서 머무는 시간은 훨씬 길어졌다. 전 국민이 평균적으로 공부하는 시간이 증가하고 있는 것이다.

놀라운 것은 공부시간만 증가한 것이 아니라, 과거보다, 엽기적이거나 충격적인 사건들의 발생빈도도 급격하게 증가하고 있다는 것이다. 지난 한 주 동안 보도된 사건 중에서 '엽기' 또는 '충격'이라는 제목을 달고 나왔던 것들 몇 개만 나열해봐도 이 정도다.

1. 초등학교 학생 네 명은 평가담당 교사의 교실에 들어가 잠겨 있던 사물함을 발로 차서 열고, 기말시험 문제를 휴대전화로 촬영해서 빼돌렸다.
2. 고등학교 교실에서 학생들이 집단으로 여자 선생님에게 반말과 막말을 하면서 조롱하는 모습이 촬영된 동영상이 인터넷 게시판에 공개됐다.
3. 지하철 9호선에서 할아버지와 할머니에게 영어로 욕을 하고 막말을 퍼부은 '9호선 막말녀' 동영상이 공개됐다.

도대체 공부에 쏟는 시간은 점점 늘어나고 있는데, 왜 이런 종류의 사건들이 우리 사회에서 발생하는 빈도도 동시에 증가하고 있는 것일까? 다양한 원인이 존재하겠지만, 그중 하나는 우리의 공부에서 찾아야 할지도 모른다.

공부에 대해 우리가 가지고 있는 고정관념 중의 하나는 공부를 많이 하면 더 인격적인 사람이 될 것으로 생각하는 것이다. 아마도 이러한 믿음은 공부가 인간으로서 자신을 수련하는 것에 초점을 맞추

고 있던 시절에 비롯된 것으로 보인다. 과거 선비들의 공부는 인간의 기본적인 도리와 행동거지에 대한 소양을 갖추고 있는 사람을 만드는 데 초점을 맞추고 있었다. 따라서 공부를 많이 한 사람이 그렇지 않은 사람보다 현명하고 인격적이었을 가능성이 높다.

하지만 현재 우리가 하는 공부는 과거의 그것과는 다르다. 서양의 학문적 전통에 바탕을 둔 현재의 공부는 자신의 생각을 논리적으로 체계화하고, 이를 통해 자신의 주장을 상대방에게 설득력 있게 전달하는 능력을 배양하는 데 초점을 두고 있다. 공부를 많이 했다는 것의 현재의 의미는 자신의 분야의 전문지식을 체계적으로 습득했다는 것이지, 자기 수양을 위한 공부에 시간을 많이 투여했다는 것을 뜻하는 것이 아니다.

문제는 인간으로서의 기본적인 소양이 갖춰져 있지 못한 사람이 자신의 생각을 합리화하고 정교화하는 기술만을 열심히 습득했을 때 발생할 수 있다. 자기 생각만 주장하는 것을 의사소통이라고 착각하고, 자신이 공들여 만든 주장에 설득당하지 않는 사람들에게 실망하고, 심지어 적의를 품기도 한다. 기본적인 소양을 갖춘 인간을 만드는 공부가 배제된 상태에서, 자신의 주장을 합리화하고 정교화시키는 능력만 키워주는 공부는 인간이 아니라 괴물들을 훈련하는 것과 같은 것이다.

03

때리고 부숴야 통한다는
'소통 바보'들

 고3인 G는 어머니를 죽이기로 했다. 정오경에 낮잠을 자고 있던 어머니의 눈을 부엌칼로 먼저 찔렀다. 어머니는 저항했다. 목을 졸랐고, 결국 칼로 어머니의 목을 찔렀다. 어머니의 사체는 안방에 그대로 뒀다. 8개월을 그렇게 지냈다. 가끔 집으로 친구들을 불러 라면을 끓여 먹기도 했다. 그는 얼마 전 수능시험에도 응시해서 대학에 갈 준비를 하고 있었다.

 G가 2011년 11월 23일 경찰에 체포되면서 세상에 알려진 이 사건은 충격 그 자체였다. 어머니를 살해하고 8개월 동안 사체가 있는 집에서 태연하게 일상생활을 유지했다는 사실만으로도 이 사건은 엽기적이기에 충분했다. 거기에 더해, 이런 끔찍한 살인을 저지른

범인이 문제아나 불량 청소년이 아니고 전국 4,000등 안에 드는, 소위, 우등생이었다는 사실이 충격을 배가시켰다.

인생에서 풀어야 할 두 종류의 문제

우리가 소위 공부 잘하는 사람에 대해 가지고 있는 믿음 중의 하나는 이들이 문제를 잘 푼다는 것이다. 인생을 살면서 우리가 수시로 풀어야 하는 문제는 크게 두 가지로 나눌 수 있다. 그중 하나는 중간시험이나 기말시험과 같이 말 그대로 시험문제를 푸는 것이다. 실제로 공부를 잘하는 사람은 수능시험을 포함해서 다양한 시험문제의 해답을 찾는 능력이 뛰어나다. 그 결과 성적이 좋고, 우등생이라고 불리기도 한다.

또 다른 문제는 시험문제와 같은 형태로 출제되지 않는다. 이런 문제들은 인간적인 또는 사회적인 갈등이라는 형식으로 우리 앞에 주어진다. 인생을 살면서 우리가 수시로 풀어야 하는 문제 중에는 다른 사람과의 관계 또는 다른 집단과의 관계에서 발생하는 문제들이 상당히 많다. 어찌 보면, 인생을 살면서 부딪히게 되는 가장 무거운 문제는 바로 이러한 관계에서 발생하는 것들이다. 공부를 잘하는 사람들은 시험문제뿐만 아니라 다른 사람 또는 다른 집단과의 관계에서 발생하는 문제도 더 잘 풀 수 있을까?

만약 공부한다는 것이 시험문제의 정답을 찾는 능력만을 길러주는 것이 아니라 관계에서 발생하는 문제를 해결할 수 있는 능력도 키워주고 있다면, 우등생은 당연히 시험성적만 좋은 것이 아니라 타인과의 갈등 상황에서 현명하게 문제를 해결하는 능력도 뛰어나야 한다.

하지만 언제부터인가 우리 사회에서 공부를 잘한다는 것은 시험 문제를 잘 푼다는 것을 의미하는 것임이 분명하지만, 자신이 직면한 관계의 문제를 해결하는 능력도 뛰어나다는 것을 의미하지는 않는 것 같다. 학교에서 우등생이 사회에서도 우등생은 아니라는 말에는 시험문제를 잘 푼다고 해서 사회생활을 하면서 직면하게 되는 관계의 문제도 잘 푸는 것은 아니라는 뜻이 내포되어 있다.

끝장토론에서 끝장이 나지 않는 이유

학교에서 하라는 대로 공부를 열심히 한 사람들이 타인과의 갈등 상황에서 문제를 현명하게 해결하는 데 서툰 이유는 무엇일까? 그 이유는 바로 학교에서 하라는 공부만 열심히 했기 때문이다. 그리고 학교에서 하라는 공부에는 다른 사람과의 관계에서 발생하는 문제를 해결하는 데 필요한 능력을 길러주는 내용이 포함되어 있지 않았기 때문이다.

관계에서 발생하는 문제를 해결하기 위해서 갖추어야 할 기본적인 능력 중의 하나는 타인과의 의사소통 능력이다. 보다 구체적으

로는 공감적 의사소통 능력이다. 의사소통이 가능하기 위해서는 자신의 생각을 상대방이 이해할 수 있는 방식으로 전달할 수 있어야 하고, 상대방이 전달한 내용을 상대방의 관점에서 이해할 수 있어야 한다. 공감적 의사소통이 가능해야 상대방과의 갈등 상황에서 서로가 이해할 수 있는 해결점을 찾을 수 있다.

우리 사회에서 의사소통은 설득 또는 주장과 혼용되어 사용되는 경우가 많다. 자신이 가지고 있는 주장을 상대방에게 전달하고 더 나아가 설득시키는 것을 소통이라고 생각하거나 소통이라고 포장한다. 설득의 기술과 말의 기술이 좋은 사람이 의사소통 능력이 뛰어난 것으로 평가받는 일이 벌어지는 것도 이 때문이다.

우리 사회에서 이루어지는 다수의 토론이 합의점을 도출하는 데 실패하는 이유도 여기에 있다. 상대방의 관점에서 문제를 바라보는 능력이 없는 두 사람이 토론을 한다는 것은 각자 자신의 논리와 주장을 일방적으로 설명하는 것에 불과하다. 끝장토론을 하면 끝까지 자신의 주장만을 되풀이하고, 문제를 해결할 수 있는 합의점을 도출하는 데는 끝내 실패하게 되는 것이다. 끝장토론에서 토론이 있었던 것이 아니라 설득과 주장만 있었기 때문이다.

주장과 설득을 의사소통이라고 생각하는 사람들은 자신이 공들여 합리화한 주장을 상대방이 받아들이지 않으면, 이를 소통거부로 받아들인다. 심지어 이를 상대에 대한 공격의 빌미로 삼기도 한다.

폭력을 의사소통 수단으로 삼는 사람이 늘어나는 이유

G는 올해 초에 본 모의고사 성적표를 전국 4,000등에서 전국 62등으로 위조해서 어머니에게 보여주었다. 어머니가 성적이 안 좋으면 야구 방망이나 골프채를 이용해서 G를 때렸기 때문이다. G가 다니는 학교의 '학부모 방문의 날'이 2011년 3월 14일이었는데, 어머니가 학교에 갈 예정이었다. G는 자신이 성적표를 위조했다는 사실이 들통

날까 봐 '학부모 방문의 날' 전날인 3월 13일 어머니를 살해했다. G는 범행 전날인 3월 12일에도 야구 방망이와 골프채로 열 시간 동안 맞았다고 한다. 62등 성적표를 본 어머니가 더 잘해서 1등이 되어야 한다면서, 때렸다는 것이다.

의사소통 능력이 전혀 개발되지 않은 사람들이 본능에 따라 의존하게 되는 자기 생각 전달법이 바로 폭력의 사용이다. 다른 사람들이 봤을 때는 충분히 의사소통을 통해 문제를 해결할 수 있는 상황임에도 폭력을 사용하는 것이다.

왜냐하면 폭력사용 이외의 의사소통 방법에 대해 알지 못하거나, 익숙하지 않기 때문이다. G도 폭력만이 유일한 의사소통 수단이었던 어머니와 아들의 관계를 보여준다. 우등생도 우등생의 교육에 집착했던 어머니도 우리 사회에서는 의사소통의 또 다른 방법을 배울 기회는 없었던 것이다.

04
감수왕의 공감 리더십

"북쪽에 오랑캐가 쳐들어와 북한산성, 남한산성이 함락되고 마지막 남은 감!수!성! 감수성에 있는 장군들은 감수성이 풍부했으니……"로 시작하는 '감수성(城)'은 KBS2 텔레비전 〈개그콘서트〉의 인기 코너 가운데 하나이다. 감수성이 병적일 정도로 풍부한 장군들이, 왕이 자신에게 무슨 말이나 행동을 하면 그것을 아주 심한 것으로 받아들여서 갑자기 삐치는 상황을 코믹하게 하였다.

왕이 역모를 꾸민 군사들을 소탕하기 위해서 그들이 숨어 있는 산을 당장 불태우라고 장군에게 명령하면, 장군이 갑자기 "그 산 우리 집안 선산이에요"라고 말하면서 삐치는 식이다. 왕은 곧바로 분위기를 파악하고 "미안하다. 몰랐어"라고 사과한다. 하지만 한번 삐친 장군은 왕이 얼마나 말을 심하게 한 것인지를 계속 물고 늘어진다. "그 산 우리 증조할아버지부터 아버지까지 묻힌 곳인데……." 왕이 또 미안하다고 해도, "좋겠네요. 돌아가신 아버님께 보일러 놔드리겠네요"라고 끝까지 왕이 말을 함부로 해서 자신들이 상처를 받았다는 식으로 몰아간다. '감수성'은 심지어 사약을 받아야 할 포로로 붙잡힌 오랑캐까지도 자기 마음에 조금이라도 상처를 받으면 "나 빈정 상해서 사약 안 먹을 거야"라고 말하고 가버리는 것이 통하는 세상이다.

'감수성'에서 웃음을 자아내는 캐릭터는 감수성이 풍부해서 마음의 상처를 쉽게 입고 잘 삐치는 장군, 내시, 오랑캐이지만, 더 주목할 만한 캐릭터는 개그맨 김준호 씨가 연기하는 감수성의 왕인 '감수왕'이다. 감수왕은 왕으로서 자신이 충분히 해도 되는 이야기나 행동을 했음에도, 신하가 마음에 상처를 입었다는 것을 알게 되면 바로 그들의 아픔을 이해하고 사과와 위로의 말을 건넨다. 감수왕은 타인의 감정에 공감할 수 있는 능력을 갖추고 있는 왕이다.

감수왕의 공감 능력은 감수왕이 문제를 자신의 관점이 아니라 신하들의 관점으로 볼 수 있기 때문에 가능한 것이다. 즉, 자신의 관점에서 울고 있는 상대방이 울어야 할 충분한 이유가 있는지 판단하는 것이 아니고, 울고 있는 상대의 입장이 되어서 상황을 보는 것이다. 그 덕분에 시청자들조차 공감하기 어려운 신하들의 슬픔에도 감수왕은 공감할 수 있고, 더 나아가 상대방에 대해 안쓰럽고 미안한 마음을 갖게 되는 것이다. 그렇다면, 타인의 관점으로 세상을 볼 수 있는 능력은 언제쯤 생기는 것일까?

어린 아이들은 자신의 관점과 다른 사람의 관점을 잘 구분하지 못한다. 즉, 어린이들은 세상 모든 사람이 자신과 같은 관점에서 세상을 바라보고 있다고 생각하는 경향이 강하다. 어린이 인지 발달 연구의 아버지 격인 장 피아제(Jean Piaget)는 어린이들은 약 7세까지는 타인의 관점을 이해할 수 있는 능력을 획득하지 못한다고 보았다.

그는 바벨 인헬더(Bärbel Inhelder)와 함께 수행한 실험에서 입체적인 모형 산을 만들었다. 이 산은 어디에서 보느냐에 따라 모양이 달라 보였다. 먼저 어린이에게 이 산 전체의 모습을 360° 돌아가면서 보도록 했다. 그 후에 어린이를 산의 한쪽 편에 앉게 하고, 어린이의 맞은편에는 곰 인형을 하나 놓아두었다. 그리고 난 다음에 어린이가 앉아 있는 쪽에서 산을 찍은 사진과 곰 인형이 앉아 있는 쪽에서 산을 찍은 사진을 보여주고, 두 개의 사진 중에서 어떤 것이 곰 인형이 지금 보고 있는 산의 모습인지 고르게 했다.

결과에 따르면, 어린이들은 자신의 현재 위치에서 보이는 산의 사진을 선택하는 것으로 나타났다. 즉, 어린이들은 자신의 맞은편에서 산을 보고 있는 곰도 자신이 보고 있는 것과 같은 산의 모습을 보고 있을 것으로 생각한 것이다.

피아제는 타인의 관점을 고려하지 못하는 이러한 어린이들의 사고를 자아 중심적 사고라고 명명했다. 여기서 자아 중심적이라는 것은 어린이가 이기적이라는 것을 의미하는 것이 아니다. 어린이들은 타인들도 자신과 같은 조망으로 세상을 보고 있을 것이라고 가정한다는 점에서 자아 중심적이라는 것이다. 자신이 좋아하고 자신에게 필요한 것들을 다른 사람도 좋아하고 필요로 할 것으로 생각하는 것이다.

만약 5세 전후의 어린이들에게 이른바 명품이라고 불리는 아주 비싼 가방과 뽀로로가 그려진 가방 중에서 엄마에게 줄 선물을 고르라고 하면, 어린이들은 자신들이 좋아하는 뽀로로 가방을 엄마에게 줄 선물로 선택할 가능성이 매우 크다.

이것은 어린이들이 엄마도 자기와 같은 관점으로 세상을 볼 것이라고 가정하기 때문에 발생하는 것이다. 자신이 좋아하는 것을 엄마도 좋아할 것으로 생각하기 때문에, 자신이 가장 사랑하는 대상인 엄마에게 줄 선물로, 엄마가 원하는 비싼 가방보다는 자신이 원하는 뽀로로 가방을 선택하는 것이다.

피아제는 대다수 어린이는 다른 사람의 관점을 고려할 수 있는 능력을 약 8세 전후에 획득하게 된다고 한다. 사람들은 다른 사람의 관점을 고려할 수 있는 기본 능력을 생각보다는 어린 나이에 획득하는 것이다. 초등학교에 들어가고 나면, 어린이들은 자아 중심적 사고로부터 탈피하게 된다. 엄마가 뽀로로 가방보다는 비싼 가방을 원한다는 것을 알게 되는 것이다.

안타까운 것은 자아 중심적 사고로부터 탈출한 지 수십 년이 지난 성인 중에서도 많은 사람이 타인의 관점을 고려하지 못하는 것처럼 보인다는 사실이다. 특히, 자신과 자신이 속한 집단의 이득의 관점에서만 세상을 바라보고, 자신의 판단과 의사 결정이 모든 사람을 위한 것이라고 믿고 있는 것처럼 보이는 사람들의 존재는 과연 어른들은 아이들과 달리 자아 중심적 사고로부터 자유로운지에 대한 의문을 갖게 한다.

흥미로운 것은 우리 사회에서는 타인의 관점에서 세상을 보지 못하고, 자신의 관점에 매몰되어 있는 사람들이 힘을 소유하고 있을 때, 이들의 자아 중심적 사고를 카리스마, 추진력, 선명성, 단호함 등의 단어로 포장하는 경우를 자주 볼 수 있다는 것이다.

하지만 힘을 가진 사람들이 자신들이 원하고 좋아하는 것을 힘을 가지고 있지 못한 사람들도 원하고 좋아할 것이라고 믿고 설득하는 것은, 다섯 살짜리 어린이가 엄마에게 뽀로로 가방이 더 좋다고 말하는 것보다 더 설득력이 떨어지는 것이다. 특히, 리더십을 발휘하는 위치에 있거나 그런 위치에 있기를 바라는 사람들의 자아 중심적 사고는, 리더의 결정에 삶이 좌지우지되는 사람들에게는 심각한 폭력으로 다가올 가능성이 크다.

 감수왕은 자신의 신하들에게도 쩔쩔매는 우스운 왕이지만, 그에게는 타인의 관점으로 세상을 볼 수 있는 능력이 있다. 어쩌면 그 공감 능력으로 자신과 신하 그리고 백성 간에 발생했던 오해와 갈등을 조기에 봉합할 수 있었기 때문에, 아직도 감수성을 지켜내면서 끝까지 오랑캐들과 싸울 수 있는 것인지도 모른다.

05
페레스 총리의
복종

1997년 1월 3일 밤 10시 50분께에 경기도 화성군에 있는 한 육군 사단의 위병소에 자칭 백 소령이라는 40대의 한 남자가 나타났다. 백 소령은 경계 근무를 서고 있던 초병들에게 자신이 상급부대에서 나왔는데, 오는 도중에 암구호를 까먹었으니 암구호를 알려달라고 했다. 그는 초병들로부터 암구호를 알아낸 후, 위병소에서 떨어진 곳에 있는 해안 초소로 향했다.

그가 해안선에 설치된 철조망을 따라 밤 11시 20분께에 해안 초소 후문으로 들어가자, 경계 근무를 서고 있던 사병이 힘차게 경례를 했다. 야간 근무일지를 작성하던 소대장은 경례 소리를 듣고 뛰어나갔다. 백 소령은 열다섯 명이 자는 내무반을 둘러보고 "수고 많다. 나는 수도군단에서 전입한 백 소령인데 지형을 숙지하기 위해 해안 순찰을 하러 왔다"라고 말했다. 소대장이 대접한 인삼차를 마시면서, 그는 20여 분간 소대의 현황에 대해 브리핑을 들었다.

이어 그는 "중대 행정관인 A 하사를 잘 안다" "간첩이 자주 출몰하는 지역이니 총과 실탄을 빌려달라"라고 했다. 소대장은 부소대장의 K2 소총과 실탄 30발을 넘겨주면서 "저희가 모시겠습니다"라고 했다. 하지만 백 소령은 "근무 교대 시간 아니냐. 이 지역은 전에 근무한 적이 있어 괜찮으니 병력을 교대한 뒤 천천히 따라와 순찰로에서 만나자"라고 말한 뒤 유유히 초소를 벗어났다.

다음 날인 1월 4일 새벽 수도권에는 군부대 총기 탈취 사건으로 비상이 걸렸다. 백 소령이 만나자고 했던 순찰로에는 아무도 나타나지 않았던 것이다. 상급 부대에 확인해본 결과 백 소령이라는 사람은 존재하지도 않는 유령 인물이었다.

어떻게 이런 일이 벌어질 수 있었을까? 더구나 당시 초병 특별 수칙에 따르면, 자신에게 지급된 총기는 어떤 경우에도 다른 사람에게 주지 못하도록 규정되어 있었다. 심지어 초병은 총기를 점검하기 위해서 직속상관이 총기를 달라고 명령하더라도, 총기에 부착된 멜빵을 자신이 붙잡은 상태에서 상관이 총기를 점검하는 것을 주시하게 되어 있었다. 결국 아무리 불가피한 경우라고 할지라도, 자신에게 지급된 총을, 자신의 두 손을 모두 뗀 채로, 타인에게 완전히 넘겨주지 못하게 되어 있었던 것이다.

이날 벌어진 백 소령 사건은 군대 내의 규정은 매우 엄격하되, 이러한 규정들이 또한 얼마나 쉽게 무시될 수 있는지를 잘 보여준다.

우선, 소초 장을 맡고 있던 장교는 얼굴을 한 번도 본 적이 없는 40대의 남자에게 상급 부대에서 온 백 소령이라는 말만 듣고, 자신의 총도 아닌 부소초장의 총과 실탄을 순순히 내주었다.

위병소 초병들의 행동도 사람들을 어이없게 만들기는 마찬가지였다. 암구호의 경우에도 지휘 계통으로만 전달되게 규정되어 있다. 그럼에도 위병소에서는 이러한 철칙을 무시하고 처음 보는 백 소령이라는 40대의 사내에게 친절하게도 암구호를 알려주었다.

1997년 당시, 군기가 강하기로 소문났던 우리 군에서 일어난 이 사건은 국민에게 매우 커다란 놀라움과 충격을 안겨주었다. 이 사건이 일어난 후의 여론은 우리 군의 기강이 해이하다는 점에 초점이 맞추어졌다. 말 그대로 군기가 빠졌다는 것이다. 그렇다면 이들은 정말 군기가 흐트러져서 이런 어처구니없는 일을 저지른 것일까?

복종에 대한 심리학적 연구는, 아이러니하게도 소초장과 초병이 군기가 빠졌다기보다는 오히려 군기가 너무 꽉 잡힌 사람들이었기 때문에 이런 어이없는 사건이 발생했을 가능성이 크다는 점을 암시한다. 즉, 당시의 군대는 국민의 기대대로 강한 군기를 가지고 있었을 가능성이 큰데, 특히 군의 생명이라고 할 수 있는 투철한 상명하복 정신이 이러한 부정적인 결과를 낳았을 가능성이 매우 크다. 과연 우리 중 누군가가 위의 사건에 나오는 초병이나 초소장이었다면, 단호히 백 소령의 요구를 무시하고 그를 검문하거나 조사할 수 있었을까?

시대가 변했다고는 하지만 아직도 우리 사회는 복종을 미덕으로 간주하는 경향이 강하다. 윗사람의 요구를 군말 없이 수행하는 사람을 철이 든 사람이라고 평가하고, 이들이 결국 조직에서 살아남을 확률이 높다. 심지어 윗사람이 비합리적인 지시를 한 경우라도, 이에 의문을 제기했다가는 조직 생활을 하기 어려운 사람으로 찍혀서 삶이 고달파지기도 한다. 이처럼 복종을 미덕으로 간주하는 문화가 존재하는 한, 백 소령 사건과 유사한 일들은 군대뿐만이 아니라 우리 사회의 다양한 집단과 조직에서 쉽게 발생할 수밖에 없다.

페레스 총리의 '건강한 복종'

백 소령 사건이 일어난 같은 해에 시몬 페레스 전 이스라엘 총리가 한국을 방문했다. 페레스 총리의 최종적인 안전은 총 일곱 명의 수행 경호원들이 맡았다. 이들은 몇 가지 원칙을 가지고 있었다. 그중 하나는 한 번 갔던 길을 두 번 다시 반복해서 통과하지 않는다는 것이었다. 동선을 파악하고 길목을 지켰다가 공격하는 전형적인 테러 수법에 대비하기 위해서였다.

하지만 이것보다 더 중요한 가장 기본적인 원칙이 있었는데, 그것은 경호에 관한 한 경호 대상인 페레스 전 총리는 물론 그 누구의 지시도 따르지 않는다는 것이었다.

그들은 총리의 차가 목적지에 도착했을 때도 모든 점검 사항이 안전하다는 것을 확인하기 전에는 총리가 차에서 내리지 못하도록 했다. 총리가 건물 안에 들어가는 것도 경호원의 허락이 없으면 불가능했다. 심지어 아주 사소한 것 하나까지 모두 점검하는 경호원들을 기다리다 지친 페레스 총리가 건물 안으로 그냥 들어가려 하자 경호원들이 물리적으로 총리를 제지하기도 했다.

페레스 총리의 경호원들에 대한 기사는 권위의 힘에 휘둘리지 않고 자신의 임무와 역할을 충실히 수행하는 전문가들의 힘찬 모습을 상상하게 한다. 위계상으로만 본다면 총리보다 한참이나 낮은 위치에 있음에도, 총리를 보호하기 위해서 총리의 명령도 따르지 않는 경호원들의 모습은 매우 인상적이다.

하지만 우리가 주목해야 할 사람은 경호원들이 아니고 바로 경호 대상자였던 페레스 총리이다. 사실 총리의 입장에서 경호원들이 제시한 계획을 조금 변경하기는 매우 쉬울 수도 있다. 총리가 다른 길로 움직이기를 고집하면서 언성을 높이면, 경호원들에게 남은 선택은 총리가 원하는 길로 가되 그 길에서 온 힘을 다해 총리를 보호하는 것뿐이다. 하지만 페레스 총리는 철저하게 경호원들의 지시에 따라 움직였다. 아마도 그것이 자신의 안전을 확보하는 최선의 길이라고 여겼기 때문일 것이다. 전문가인 부하의 합리적 요구에 따르는 페레스 총리의 행동은 우리가 기억해둘 만한 일이다. 왜냐하면 페레스 총리의 행동은 건강한 복종이 무엇인가를 보여주는 전형적인 예이기 때문이다.

참고문헌

Aronson, E., Willerman, B., & Floyd, J. (1966). The effect of a pratfall on increasing interpersonal attractiveness. *Psychonomic Science, 4*, 227−228.

Buss, D. M. (2004). *Evolutionary psychology: The new science of the mind*, 2nd ed. Boston: Allyn & Bacon.

Buss, D. M. (Ed.). (2005). *The handbook of evolutionary psychology*. Hoboken, NJ: Wiley.

Dutton, D. G., & Aron, A. P. (1974). Some evidence for heightened sexual attraction under conditions of high anxiety. *Journal of Personality and Social Psychology, 30*, 510−517.

Hatfield, E., & Walster, G. W. (1978). *A new look at love*. Reading, MA: Addison−Wesley.

Hovland, C., & Weiss, W. (1951). The influence of source credibility on communication effectiveness. *Public Opinion Quarterly, 15*, 635−650.

Kruger, J., Epley, N., Packer, J., & Ng, Z. (2005). Egocentirsm over e−mail: Can we communicate as well as we think? *Journal of Personality and Social Psychology, 89*, 925−936.

Masicampo, E., & Baumeister, R. F. (2008). Toward a physiology of dual process reasoning and judgment: Lemonade, willpower, and expensive rule−based analysis. *Psychological Science, 19*, 255−260.

Muraven, M., Tice, D. M., & Baumeister, R. F. (1998). Self−control as limited resource: Regulatory depletion patterns. *Journal of Personality and Social Psychology, 74*, 774−789.

Piaget, J., & Inhelder, B. (1948). *The child's conception of space*. London: Routledge & Kegan Paul Ltd.

Rosenthal, R., & Jacobson, L. (1968). *Pygmalion in the classroom: Teacher expectations and student intellectual development*. New York: Holt, Rinehart and Winston.

Seligman, M. E. P. (1975). *Helplessness: On depression, development, and death*. San Francisco: Freeman.

Walster, E., & Festinger, L. (1962). The effectiveness of "overheard" persuasive communications. *Journal of Abnormal and Social Psychology, 65*, 395–402.

Walster, E., Aronson, E., & Abrahams, D. (1966). On increasing the persuasiveness of a low prestige communicator. *Journal of Experimental Social Psychology, 2*, 325–342.

Wegner, D. M. (1994). Ironic processes of mental control. *Psychological Review, 101*, 34–52.

KI신서 3913

내 마음도 몰라주는 당신, 이유는 내 행동에 있다

1판 1쇄 발행 2012년 5월 15일
1판 2쇄 발행 2013년 3월 22일

지은이 전우영
펴낸이 김영곤 **펴낸곳** (주)북이십일 21세기북스
부사장 임병주 **출판콘텐츠기획실장** 안현주
브랜드기획팀장 이현정 **문학팀장** 정혜원
기획 손인호 오미현 **책임편집** 최진 **디자인 표지** 정란 **본문** 양란희
마케팅영업본부장 이희영
광고홍보 김현섭 최혜령 강서영 **프로모션** 민안기 김다영 김해나 이은혜
영업 이경희 정경원 정병철
출판등록 2000년 5월 6일 제10-1965호
주소 (우413-120) 경기도 파주시 회동길 201(문발동)
대표전화 031-955-2100 **팩스** 031-955-2151 **이메일** book21@book21.co.kr
홈페이지 www.book21.com **트위터** @21cbook **블로그** b.book21.com

ⓒ 전우영, 2012

ISBN 978-89-509-3669-3 03180
책값은 뒤표지에 있습니다.

이 책 내용의 일부 또는 전부를 재사용하려면 반드시 (주)북이십일의 동의를 얻어야 합니다.
잘못 만들어진 책은 구입하신 서점에서 교환해 드립니다.